D1700560

FSC
www.fsc.org
MIX
Papier aus verantwortungsvollen Quellen
Paper from responsible sources
FSC® C105338

Jens Schmukal

Otto Schily und Christian Ströbele

Zwei prägende Persönlichkeiten der deutschen Nachkriegsgeschichte im Vergleich

Diplomica® Verlag GmbH

Schmukal, Jens: Otto Schily und Christian Ströbele: Zwei prägende Persönlichkeiten der deutschen Nachkriegsgeschichte im Vergleich, Hamburg, Diplomica Verlag GmbH 2012

ISBN: 978-3-8428-9030-5
Druck: Diplomica® Verlag GmbH, Hamburg, 2012

Bibliografische Information der Deutschen Nationalbibliothek:
Die Deutsche Nationalbibliothek verzeichnet diese Publikation in der Deutschen Nationalbibliografie; detaillierte bibliografische Daten sind im Internet über http://dnb.d-nb.de abrufbar.

Die digitale Ausgabe (eBook-Ausgabe) dieses Titels trägt die ISBN 978-3-8428-4030-0 und kann über den Handel oder den Verlag bezogen werden.

Inhaltsverzeichnis

1 Einleitung

„Sie haben die deutsche Wirklichkeit geprägt, sie haben ihren Berufsstand, die Nachkriegszeit, den Rechtsstaat und die Parlamente verändert. Sie haben die politische Kultur beeinflusst. Sie stehen für eine ganze Generation mit all ihren Idealen und Irrtümern."[1] Bei den Personen, auf die sich diese Charakterisierung bezieht, handelt es sich um Otto Schily und Christian Ströbele. Beide gehören zu der Generation, die die Schrecken des Zweiten Weltkriegs und auch die Entbehrungen der Nachkriegszeit unmittelbar am eigenen Leib erfahren hat. Dies prägte ihre Sozialisation und erklärt ihr Verhalten und ihre Entscheidungen während ihres politischen Lebens, das spätestens mit den Jahren 1967/68, dem Tod des Studenten Benno Ohnesorg und der Teilnahme an den Demonstrationen der Außerparlamentarischen Opposition begann und bis zum heutigen Tag andauert. Damit zählen Schily und Ströbele seit über 40 Jahren zu den zentralen Gestalten der Bundesrepublik Deutschland. Sie stehen auch beispielhaft dafür, wie die Gesellschaft in der Bundesrepublik Deutschland in der Nachkriegszeit funktionierte. In dieser Zeit wurden die Weichen für die heutige Zeit gestellt. Für diese Veränderungen waren vor allem die so genannten 68er mitverantwortlich, die Missstände in der Gesellschaft anprangerten und versuchten, diese Zustände zu verbessern. Aus diesem Grund soll in diesem Buch der Weg dieser beiden RAF-Verteidiger von den Demonstrationen auf den Straßen Berlins über die Gerichtssäle in Berlin und Stuttgart-Stammheim bis in den Bundestag und im Falle Schilys bis in die Bundesregierung dargestellt, analysiert und miteinander verglichen werden. Ein besonderes Augenmerk soll dabei auf die Frage gelegt werden, welche Unterschiede und Gemeinsamkeiten in beiden Biografien vorhanden sind. Wie sehen Schily und Ströbele ihre jeweiligen Karrieren im Rückblick? Welche Unterschiede ergeben sich hierbei im Vergleich zu Aussagen, die sie in dem jeweiligen Lebensabschnitt tätigten?

Dieses Thema spiegelt große Teile der Nachkriegsgeschichte Deutschlands wider. Einige prägende Vorkommnisse dieser Zeit sind durch die in dieser Studie geschilderten Ereignisse besser erklärbar. Die Geschichte Deutschlands nach 1945 wird so leichter verständlich. Das ist auch der Grundgedanke, der zur Veröffentlichung dieses Buches geführt hat. Die Zielsetzung, zwei Hauptprotagonisten der linken

[1] Martin Block/ Birgit Schulz: Die Anwälte Ströbele, Mahler, Schily. Eine deutsche Geschichte. Köln 2010. S. 307.

Bewegung in der Nachkriegszeit miteinander zu vergleichen, steht dabei im Vordergrund. Erstaunlicherweise ist mit dieser Zielsetzung auch noch kein Werk in der Forschung vorhanden. Damit betritt diese Studie Neuland, aber genau das macht sie auch so lesenswert.

Die Gliederung des Buches erfolgt chronologisch und die einzelnen Kapitel befassen sich mit der Entwicklung der beiden Hauptpersonen. Im Anschluss an diese Einleitung wird daher im zweiten Kapitel zuerst die Jugend beider geschildert. Damit verbunden ist der Umzug nach Westberlin, der sowohl bei Schily als auch bei Ströbele vor 1967 erfolgte. Der Tod Ohnesorgs am 2. Juni 1967 war hier der entscheidende Auslöser für beide, sich verstärkt zu engagieren. Schily als Verteidiger angeklagter Studenten, obwohl er eigentlich als Wirtschaftsanwalt tätig war, Ströbele als Mitglied des Sozialistischen Anwaltskollektivs an der Seite Horst Mahlers. In diesem Kapitel soll dargestellt werden, wie es dazu kam, dass sich beide für die außerparlamentarische Opposition engagierten, obwohl ihre Familien zum Bildungsbürgertum zählten und keine Nazivergangenheit besaßen. Ziel ist es dabei, zu zeigen, welche Auswirkungen die 1960er Jahre auf den weiteren Werdegang der Hauptpersonen hatten. Warum begannen sie in dieser Zeit verstärkt politisch zu denken und sich zu engagieren? Das sich daran anschließende dritte Kapitel befasst sich mit den 1970er Jahren, in denen beide als Verteidiger der Roten Armee Fraktion auftraten. Schily als der führende RAF-Verteidiger im Stammheim-Prozess, Ströbele vor allem als Mitbegründer des Info-Systems, durch welches die Kommunikation unter den RAF-Gefangenen im Gefängnis aufrechterhalten wurde. Dabei wurde der Druck auf die Anwälte durch die Öffentlichkeit sehr groß und sie gerieten in den Verdacht, mit ihren Mandanten zu sympathisieren. Dies führte dazu, dass die Anwälte enger zusammenrückten. Trotzdem sind jedoch bei genauer Analyse schon deutlich Unterschiede zwischen Schily und Ströbele zu erkennen. Diese gilt es in der vorliegenden Studie herauszuarbeiten. Zugleich prägte dieses Jahrzehnt die Hauptpersonen entscheidend. Welche Bedeutung hatten die 1970er Jahre und die Zeit als RAF-Verteidiger für ihre weitere Karriere und wie gelang es ihnen, die damit einhergehenden Nachteile zu ihrem Vorteil zu nutzen? Ein viertes Kapitel untersucht die 1980er Jahre, in denen beide zu den Gründungsmitgliedern der Grünen gehörten und auch während dieses Jahrzehnts für diese Partei in den Bundestag einzogen. Schily gelang es, sein Image vom Terroristenanwalt zum Verteidiger des Rechtsstaats gegen den Filz der etablierten Parteien zu wandeln. Stellvertretend hierfür stand der

Flick-Untersuchungsausschuss des Bundestags, in dem er sich gegen die geschlossene Front der Fraktionen von CDU/CSU, SPD und FDP behaupten konnte. Ströbele konzentrierte sich verstärkt auf die Landespolitik in Berlin in der Wendezeit 1989/90. Als Vermittler des Koalitionsvertrags des ersten Rot-Grünen Senats in Berlin spielte er aber ebenfalls eine wichtige politische Rolle. Auch in diesem Jahrzehnt traten Meinungsverschiedenheiten zwischen Schily und Ströbele auf, die jedoch häufig intern bei den Grünen gelöst werden konnten. Aber speziell Ende der 1980er Jahre wurde deutlich, dass nur noch die gemeinsame Parteizugehörigkeit beide verband. Hier gilt es darzustellen, welche unterschiedlichen Ziele beide verfolgten und welche Motive sie antrieb. Welche Gründe gibt es für die verschiedene Entwicklung der Hauptpersonen. Den Bruch zwischen beiden besiegelte der Parteiwechsel Schilys 1989 von den Grünen zur SPD. Damit beschäftigt sich das fünfte Kapitel. Beide fanden in den 1990er Jahren eine zu ihnen passende Stellung innerhalb ihrer Partei, Schily als Bundesinnenminister und Ströbele als geachteter Mahner innerhalb der Grünen. Diese Entwicklung war von mehreren Höhen und Tiefen geprägt. Wie gelang es sowohl Schily als auch Ströbele wiederholt, das drohende Ende ihrer politischen Karriere abzuwenden und immer gestärkt aus diesen Tiefs herauszugehen? In der Zusammenfassung als sechstes Kapitel gilt es zu analysieren, wie die nun vorhandene Gegnerschaft zustande kam, ob sie sich selbst über die Jahre treu geblieben sind oder ob es zu einem grundlegenden Wandel in den Ansichten kam. Die einzelnen Kapitel sind in Unterkapitel gegliedert, in denen der jeweilige Lebensabschnitt zuerst von Schily und anschließend von Ströbele analysiert wird. Den Abschluss eines jeden Kapitels bildet ein Unterkapitel, das beide Hauptpersonen miteinander vergleicht und in dem die Unterschiede und Gemeinsamkeiten herausgearbeitet werden.

Zu beachten ist hierbei, dass die Unterkapitel, die sich mit Schily befassen einen deutlich größeren Umfang besitzen. Dafür sind mehrere Gründe zu nennen. Schilys Karriere verlief erheblich mehr im Rampenlicht der Öffentlichkeit. Als ehemaliger Bundesinnenminister ist er für die Presse von größerem Interesse als Ströbele, der nur zu Beginn der 1990er Jahre für kurze Zeit als Parteisprecher der Grünen eine Position innehatte, die im Fokus der Öffentlichkeit steht. Außerdem ist der Draht Schilys zu den Medien besser als der Ströbeles. Ersterer versucht häufig, seine Meinung der Öffentlichkeit durch Interviews zu erklären und geht dabei häufig selbst auf die Medien zu, wohingegen letzterer auf eine solche Eigeninitiative meist verzichtet. In dieser Hinsicht ist vor allem *„DER SPIEGEL"* zu nennen, der häufig über Schily berichtet oder in welchem er selbst als Autor in Erscheinung tritt. Aus diesem Grund fungieren diese Interviews, Charakterisierungen und von ihm selbst geschriebenen Artikel in der vorliegenden Studie auch als wichtige Quellen. Zusätzlich gibt es über die Person Schily viele kontroverse Diskussionen, die versuchen, seinen Parteiwechsel von den Grünen zur SPD zu analysieren. Die logische Konsequenz hiervon ist, dass sich die Fachliteratur deutlich stärker mit Schily beschäftigt als mit Ströbele. Dieser Tatsache trägt auch die vorliegende Untersuchung in ihrem Umfang Rechnung. Hinzukommt, dass Schily auch selbst als Autor in Erscheinung getreten ist und es daher möglich ist, seine Werke mit in die Darstellung seiner Person und seines Werdegang einfließen zu lassen, wohingegen Ströbele in dieser Hinsicht kaum aktiv ist. Der entscheidende Faktor ist aber die Tatsache, dass von Ströbele keine Biografie existiert. Im Gegensatz dazu sind zum Lebenslauf Schilys zwei verschiedene Biografien vorhanden. Dabei handelt es sich um die Werke von Reinhold Michels aus dem Jahr 2001 und von Stefan Reinecke aus dem Jahr 2003.[2]

Vor allem Reineckes Schily-Biografie stellt einen wichtigen Beitrag zum besseren Verständnis von dessen Verhalten und Entscheidungen dar. Insbesondere die 1970er, 1980er und 1990er Jahre bis zu Schilys Ernennung zum Bundesinnenminister werden hier einer genauen Analyse unterzogen und aus diesem Grund ist das Werk Reineckes unverzichtbar im Hinblick auf die Darstellung Schilys in der vorliegenden Untersuchung. Das zweite Buch mit zentraler Bedeutung für die Charakterisierung Schilys und Ströbeles trägt den Titel *„Die Anwälte. Eine deutsche Geschichte."*, dessen Autoren Martin Block und Birgit Schulz sind.[3] Diese befassen sich in ihrem Werk mit Otto Schily, Christian Ströbele und Horst Mahler. Dabei werden diese miteinander verglichen, ihre früheren Gemeinsamkeiten herausgearbeitet, die bis zu einem freundschaftlichen Verhältnis untereinander reichten, und die Unterschiede analysiert, die sie heute trennen und dazu führten, dass sie sich kaum noch etwas zu sagen haben. Dieses Werk beruht zu einem großen Teil auf Gesprächen, die die beiden Autoren mit den Protagonisten im Vorfeld führten. Es handelt sich dabei also um originale Quellen, die daher ein authentisches Zeugnis der Dinge darstellen, die Schily und Ströbele bewegten und sie zu ihrem Handeln veranlassten. Allerdings sind diese trotzdem nur mit einer gewissen Vorsicht, und einer gleichzeitigen Über-

---

[2] Reinhold Michels: Otto Schily. Eine Biographie. Stuttgart, München 2001./ Stefan Reinecke: Otto Schily. Vom RAF-Anwalt zum Innenminister. Hamburg 2003.

[3] Block/ Schulz: Die Anwälte Ströbele, Mahler, Schily.

prüfung mit Hilfe anderer Quellen, zu verwenden, da die Gespräche erst im Jahr 2006 begannen. Folglich schildern beide ihre eigene Biografie aus ihrer Sichtweise und im Rückblick. Auf Quellen aus früheren Jahren wird vollständig verzichtet und Zeitzeugen kommen ebenfalls kaum zu Wort. Der Nachteil dabei ist, dass zum einen Gedächtnislücken beziehungsweise Ungenauigkeiten auftreten können und zum anderen beide ihre eigenen Handlungen beschönigen und sie die Meinungsbildung in eine von ihnen gewünschte Richtung lenken können. Dies trifft zum Beispiel auf den Parteiwechsel Schilys zu, den er im Rückblick sicher anders beurteilt als unmittelbar danach im Jahr 1989 oder wie ihn Außenstehende wahrnahmen. Nichtsdestotrotz stellt das Werk von Block und Schulz einen unverzichtbaren Beitrag für dieses Buch dar, da es eine einmalige Gelegenheit bietet, Einblick in die Gedankenwelt von Schily und Ströbele zu gewinnen. Außerdem bietet sich dadurch die Möglichkeit, die Standpunkte beider aus heutiger Sicht mit der von vor zwanzig oder dreißig Jahren, mit Hilfe anderer Quellen, zu vergleichen. Allerdings wird somit deutlich, dass ein Werk, das die beiden Hauptpersonen dieser Untersuchung intensiv vergleicht, dabei auf alle ihre Lebensphasen eingeht und dabei nicht nur Rückblicke bietet, sondern auch zeitgenössische Literatur und Quellen verwendet, bisher in der Forschung völlig fehlt. Die vorliegende Studie versucht diese Lücke zu schließen.

Bei einem Thema wie dem vorliegenden, dessen Hauptpersonen die Bundesrepublik über Jahrzehnte prägten und das dabei, mit der Gefahr durch die RAF, zumindest teilweise auch auf die größte Krise der Nachkriegszeit eingeht, existieren zwangsläufig unterschiedliche Meinungen zu den Protagonisten und ihrem Verhalten. Aber auch die Autoren der verwendeten Literatur müssen auf ihre Objektivität überprüft werden. Dies trifft vor allem auf Stefan Aust zu, der persönlich beteiligt war und der, wie er selbst in einer Diskussion in der NDR-Sendung 3 nach 9 unter anderem mit Christian Ströbele schildert, von Andreas Baader mit dem Tode bedroht wurde.[4] In derselben Sendung geraten beide hauptsächlich wegen Austs Werk *„Der Baader-Meinhof-Komplex"* aneinander.[5] Ströbele wirft Aust vor, seine Quellen hauptsächlich aus Akten des Bundeskriminalamtes zu beziehen und daher einseitig zu Gunsten des Staates zu schreiben und die Absichten der RAF völlig zu vernachlässigen und diese daher als gewöhnliche Kriminelle zu charakterisieren und nicht als politische Täter. Dies macht zwei Dinge deutlich. Erstens versucht der ehemalige RAF-

[4] Vgl.: 3 nach 9: Zweite Heimat Kneipe. Freitag, 21. Februar 1986 im NDR. Gäste: Peter Gauweiler, Stefan Aust, Christian Ströbele u. a.

[5] Stefan Aust: Der Baader-Meinhof-Komplex. Hamburg 2005.

Verteidiger Ströbele nach wie vor die Interessen seiner früheren Mandanten zu schützen und es ist zu diesem Zeitpunkt unklar, ob er Aust aus diesem Grund kritisiert oder ob der Vorwurf der fehlenden Objektivität tatsächlich gerechtfertigt ist. Zweitens muss Austs Werk mit einer gewissen Vorsicht verwendet werden, vor allem auch, da er gänzlich auf Quellenangaben verzichtet. Nichtsdestotrotz stellt *„Der Baader-Meinhof-Komplex"* eine wichtige Quelle dar, da hier ein Zeitzeuge berichtet, der in den 1970er Jahren außerordentlich gut vernetzt war und daher zu allen Seiten gute Kontakte hatte und daher Einblicke gewährt, auf die andernfalls nicht zurückgegriffen werden hätte können. Voraussetzung hierfür ist allerdings eine kritische Auseinandersetzung mit dieser Quelle und wenn möglich die Prüfung und damit die Bestätigung oder Widerlegung durch andere Quellen. Eine weitere Quelle, die einer Gegenprüfung zu unterziehen ist, ist Hubert Kleinerts Werk *„Aufstieg und Fall der Grünen. Analyse einer alternativen Partei."*[6] Kleinert gehört zum Realo-Flügel der Grünen und ist daher ein Kritiker Ströbeles. Dies wird nach der Niederlage der Grünen bei der Bundestagswahl 1990 deutlich, die Kleinert zu einem großen Teil dem damaligen Parteisprecher Ströbele anlastet. Hier gilt es ebenfalls unter der Verwendung anderer Quellen zu analysieren, inwieweit dies tatsächlich zutrifft.
Eine zusätzliche Schwierigkeit stellte die Verschlossenheit Schilys und Ströbeles im Hinblick auf ihre Vergangenheit dar. Bis auf das bereits genannte Werk von Martin Block und Birgit Schulz gibt es kein Beispiel dafür, dass sich beide so ausführlich zu ihrem politischen Leben äußern. Ein Grund hierfür ist in ihrer Tätigkeit als Rechtsanwalt zu sehen. Ein grundlegender Aspekt dieses Berufsstandes ist die Schweigepflicht. Ihr gegenüber fühlen sie sich bis heute verpflichtet. Somit fehlen Einschätzungen von Schily oder Ströbele zu ihrer Zeit als RAF-Verteidiger fast vollständig. Bestätigt wird dies leider dadurch, dass es mir nicht möglich war, Schily und Ströbele selbst zu treffen oder ihnen Fragen zu ihrer Vergangenheit zu stellen. Beide lehnten meine Anfrage aufgrund von Zeitmangel ab. Aus diesem Grund war ich bei der Erstellung dieses Buches auf andere Quellen angewiesen. Trotzdem war es mir möglich, das politische Leben beider eingehend zu analysieren, da mir neben der schon genannten Literatur viele Zeitschriftenartikel, aber auch einiges an Sekundärliteratur zur Verfügung stand. Diese Tatsache unterstreicht noch einmal, welche bedeutende Rolle sowohl Schily als auch Ströbele in der Nachkriegspolitik der Bundesrepublik Deutschland spielten und im Fall Ströbeles, der noch im deutschen

---

[6] Hubert Kleinert: Aufstieg und Fall der Grünen. Analyse einer alternativen Partei. Bonn 1992.

Bundestag als direkt gewählter Abgeordneter sitzt, immer noch spielen. Diese Rolle darf auch keineswegs unterschätzt werden. Um noch einmal auf das Eingangszitat einzugehen, ist festzustellen, dass beide nicht nur die politische Landschaft der Bundesrepublik geprägt haben. Durch ihre Tätigkeit als RAF-Verteidiger gelang es ihnen auch, in einer der schwierigsten Stunden der Nachkriegszeit den deutschen Rechtsstaat zu bewahren, indem sie auch so genannten Staatsfeinden den ihnen zustehenden Rechtsbeistand gewährten. Dabei blieben sie auch standhaft, obwohl dies mit Anfeindungen und persönlichen Nachteilen verbunden war. Dass beide trotzdem in der Lage waren, später eine erfolgreiche, politische Karriere zu absolvieren, spricht einerseits für ihre außergewöhnlichen Fähigkeiten und andererseits für den deutschen Staat und die deutsche Öffentlichkeit, die in der Lage war, diese Vergangenheit nicht als Hindernis, sondern als Chance zu begreifen. Damit stehen Schily und Ströbele auch stellvertretend für eine ganze Generation. Viele Mitglieder der außerparlamentarischen Opposition waren mit dem deutschen Staat in der damaligen Form nicht zufrieden, erkannten aber, dass er durch Demonstrationen nicht zu verändern war. Deshalb traten sie den langen Marsch durch die Institutionen an, wie es auch Otto Schily und Christian Ströbele taten. Wie kam es zu dieser Entwicklung, wie war dies möglich und welche Hindernisse und Chancen beinhalteten diese Geschehnisse? Dies soll nun im Folgenden dargestellt werden.

2 Jugend und Politisierung während der späten 1960er Jahre

2.1 Otto Schily

2.1.1 Jugend in Bochum und Studium in Westberlin

> *„Ich habe ja nun das düsterste Kapitel der deutschen Geschichte am eigenen Leib erlebt. Ich habe dieses Land in Trümmern gesehen, buchstäblich, das heißt die zerstörten Städte, aber was noch viel schlimmer ist, die zerstörten Seelen. Das geistige Vakuum, das entstanden ist, ist wirklich die tiefste Katastrophe, die die Deutschen je erlebt haben. Mit dem Holocaust, mit dem Schrecken des Zweiten Weltkriegs, dass Millionen von Menschen umgebracht wurden. Dass das sich nie wiederholen darf, das gehört sozusagen zu den Urmotiven meiner politischen Sozialisation. Und jede Faser, die ich irgendwo eingebracht habe, die orientiert sich daran, dass das nicht wieder passiert.“*[7]

Auf diese Weise beschreibt Otto Schily im Rückblick den Einfluss, den der Zweite Weltkrieg und seine Geschehnisse auf ihn während seiner politischen Karriere hatte und auch heute noch hat. Es ist nur möglich, die Persönlichkeit Schilys zu verstehen, wenn auch seine Kindheit und Jugend eingehend analysiert wird, da in ihr der Grundstein für seine späteren Verhaltensweisen und Denkmuster gelegt wurde. Schily wurde am 20. Juli 1932 geboren. Schon sein Geburtsdatum wirft einen Blick voraus auf seine künftige Karriere. Der 20. Juli 1932 ist nämlich gleichzeitig der Tag des so genannten Preußenschlags. Der Reichskanzler Franz von Papen setzte an diesem Tag die preußische Regierung und mit ihr auch den letzten sozialdemokratischen Innenminister von Preußen, Carl Severing, ab.[8] 66 Jahre später wurde Schily in derselben Stadt, Berlin, zum Innenminister der Bundesrepublik Deutschland vereidigt.

Bei Kriegsende war Schily zwölf Jahre alt. Die Kriegsjahre verbrachte er mit seiner Mutter und drei seiner vier Geschwister, sein ältester Bruder Peter musste an die Front und war deshalb nicht bei der Familie, zum größten Teil in Partenkirchen bei

---

[7] Block/ Schulz: Die Anwälte Ströbele, Mahler, Schily. S. 17.
[8] Vgl.: Reinecke: Otto Schily. S. 19.

seinem Großvater, da es in ihrer Heimatstadt Bochum durch die alliierten Bombardierungen zu gefährlich war.[9] Es war keine leichte Zeit, da die Lebensmittel knapp waren und die Familie deshalb zeitweise hungern musste.[10] Auch dadurch wurde Schily stark geprägt. Sein Elternhaus gehörte in Bochum zur Oberschicht, da sein Vater nach dem Zweiten Weltkrieg schnell Karriere machen konnte. Der Grund dafür war, dass er als Nationalliberaler und Gegner der Nazis galt und so bis zum Vorstandsvorsitzenden des Unternehmens Bochumer Verein AG aufstieg.[11] Die Bochumer Verein AG gehörte zu der Zeit zu den größten und bedeutendsten Unternehmen des Ruhrgebiets. Parteipolitisch unterstützten die Schilys nach Gründung der Bundesrepublik die FDP. Diese sagte ihnen als nicht konfessionsgebundenen, aufs Individuelle bedachten und antibürokratischen Bürgern am ehesten zu.[12] Auch wenn Schilys Elternhaus als liberal-konservativ bezeichnet werden konnte, wurde die CDU kritisch gesehen, da Adenauers Neigung, Staat und katholische Religion zu vermischen, ihrer Weltsicht stark widersprachen.[13] Schily selbst ist konfessionslos und kirchlich ungebunden, er hat aber ein großes Wissen und einen Grundrespekt gegenüber den Kirchen.[14] Seine Erziehung war stark durch seine Mutter geprägt, die viel künstlerisches Talent besaß. Der junge Schily lernte so auch mehrere Instrumente zu spielen.

Eine Karriere als Künstler hätte auch seinen Neigungen am meisten entsprochen. Er unternahm mehrere Anläufe, um diesen Traum zu verwirklichen, die aber allesamt scheiterten. Sein erster Wunsch nach dem Abitur war es, ein musikalisches Studium aufzunehmen. Nach einigem Überlegen entschied er sich aber schließlich schweren Herzens dagegen, da er sich dies letztendlich doch nicht zutraute und sich eingestand, dass seine Fähigkeiten für eine Karriere als Musiker nicht ausreichten.[15] Stattdessen entschied er sich für die sicherere Alternative und begann ein Jurastudium. Im Jahr 1974 begründete er dies wie folgt: *„Das Jurastudium war zunächst einmal eine Verlegenheitslösung. Wenn einem gar nichts mehr einfällt, dann macht man Jura.“*[16] Auch hier wird deutlich sichtbar, dass er es im Nachhinein immer noch bedauert, dass es mit einer künstlerischen Ausbildung nicht hatte klappen wollen.

---

[9] Vgl.: Block/ Schulz: Die Anwälte Ströbele, Mahler, Schily. S. 20.
[10] Vgl.: Ebd.
[11] Vgl.: Ebd. S. 19.
[12] Vgl.: Reinecke: Otto Schily. S. 38.
[13] Vgl.: Ebd. S. 37.
[14] Vgl.: Michels: Otto Schily. S. 35.
[15] Vgl.: Reinecke: Otto Schily. S. 43.
[16] Ebd. S. 43.

Einen zweiten Anlauf für eine künstlerische Karriere startete er im Jahr 1960, während sein Jurastudium noch in vollem Gange war. Dieses Mal wollte er gerne Schauspieler werden. Schily bekam die Möglichkeit zu einem Vorstellungsgespräch bei Walter Franck, der am Berliner Theater arbeitete, ihn aber ablehnte, weil er mit 28 Jahren schon zu alt sei, um eine neue Karriere als Schauspieler zu starten.[17] Anschließend gab es für Schily keinen Weg mehr zurück und er konzentrierte sich vollständig auf seine Karriere als Anwalt.

In den 1950er Jahren war Schilys politische Sichtweise noch fast vollständig allein von seinem Elternhaus geprägt. Er konnte als staatstreu, antitotalitär und liberal bezeichnet werden und er demonstrierte vor allem aus moralischen Gründen 1956 gegen den Einmarsch russischer Truppen in Ungarn oder gegen die britische Bombardierung Ägyptens und nicht wegen seiner politischen Analyse der Situation.[18] Seine Sympathie galt zum Beispiel Thomas Dehler und Gustav Heinemann, die beide in Opposition zu Konrad Adenauer gerieten und daher bürgerliche Abweichler waren, die zu dem jungen, einzelkämpferischen Bildungsbürger Schily passten.[19] Auch seine späteren Karrieren als Anwalt und als Politiker werden davon geprägt sein, dass Schily als Einzelkämpfer versuchen wird, sich durchzusetzen. Sei es im Gerichtssaal gegen Staatsanwälte und Richter oder sei es im deutschen Bundestag zunächst als Grünen-Abgeordneter gegen die etablierten Parteien und später als SPD-Bundesinnenminister gegen die Opposition. Es wird aber nie einen vollständigen Bruch mit dem Bürgertum geben, da ihm in der Nachkriegszeit die Familie Halt und Orientierung gab, was bei vielen späteren Antibürgerlichen nicht der Fall war.[20] Zunächst einmal studierte er aber Jura in München, Hamburg und Berlin.[21] Im Jahr 1963 schloss er das Studium schließlich mit dem zweiten juristischen Examen ab.[22] Dass sein Studium um einiges länger dauerte als bei vielen seiner Kommilitonen, begründete er später so: *„Ich habe das erste Examen geschmissen ... weil ich lieber mit einer jungen Dame verreisen wollte. Ich bin kein Examenstyp.“*[23] Schily war also während seines Studiums den schönen Seiten des Lebens nicht abgeneigt.

Eine folgenschwere Entscheidung, die sein weiteres Leben prägen sollte, traf Schily im Jahr 1958. Er entschied sich dazu, nach Berlin zu gehen und dort sein Studium

---

[17] Vgl.: Reinecke: Otto Schily. S. 52f.
[18] Vgl.: Ebd. S. 48.
[19] Vgl.: Ebd. S. 47.
[20] Vgl.: Ebd. S. 33.
[21] Vgl.: Block/ Schulz: Die Anwälte Ströbele, Mahler, Schily. S. 22.
[22] Vgl.: Reinecke: Otto Schily. S. 54.
[23] Ebd. S. 54f.

fortzusetzen.[24] *„Der Großbürger Schily kommt 1958 in eine Stadt, die das Großbürgertum im Begriff ist zu räumen. Das ist eine Bedingung für seinen Aufstieg: In Westberlin kann Otto Schily Repräsentant eines Bürgertums werden, das die meisten nur noch aus Romanen kennen."*[25] Er fand also in Berlin ideale Voraussetzungen vor, um Karriere zu machen. Zusätzlich hielt er sich gerne in Szenekneipen auf, da sein Interesse an Literatur, Musik und den schönen Künsten nach wie vor ungebrochen hoch war.[26] Ein Vorteil hiervon war auch, dass er Beziehungen aufbauen konnte, die später noch wichtig für ihn werden sollten. Hier kam er auch in Kontakt zu zahlreichen Linksintellektuellen, wodurch seine Denkweise entscheidend mitgeprägt wurde. Nach Abschluss seines Jurastudiums trat er zunächst aber in die Kanzlei des Wirtschaftsanwalts Dr. Hans-Günther Neufeldt ein, wo er Zivilprozesse bestritt, in denen es zum Beispiel um Urheberrecht, Scheidungen oder Erbschaftsstreitigkeiten ging.[27]

2.1.2 Der Tod Benno Ohnesorgs und erste politische Prozesse

Das Jahr 1967 und der Tod des Studenten Benno Ohnesorg am 2. Juni 1967 führten zu einer Veränderung im Leben des Otto Schily. Nach dem Ende seines Studiums versuchte er, sich als Wirtschaftsanwalt in Berlin zu etablieren. Politisch trat er nicht in Erscheinung. Dies änderte sich ab 1967 wie bei so vielen anderen auch. Am 30. April wurde der Republikanische Club in der Wielandstraße gegründet, in dem Schily häufig Gast war und dort viele Kontakte zur linksintellektuellen Szene Berlins knüpfte.[28] Außerdem arbeitete er auf der Gründungsveranstaltung zusammen mit dem Rechtsanwalt Horst Mahler die Satzung des Republikanischen Clubs aus.[29] Hier spielte er eine Rolle, die er auch später öfter ausfüllen werden wird. Bei den Studenten und den sich selbst den Linken zuordneten Bürgern gab es einen Mangel an fähigen Rechtsanwälten. Schily war jedoch einer davon. Er hatte also eine gewisse Bedeutung innerhalb dieses politischen Spektrums und viele Menschen suchten seine Nähe, wenn sie eine Rechtsberatung benötigten. Für Schily bot diese Situation die Möglichkeit, sich mit vielen Intellektuellen zu treffen, die er respektierte und mit

[24] Vgl.: Reinecke: Otto Schily. S. 51.
[25] Ebd. S. 55.
[26] Vgl.: Ebd. S. 56.
[27] Vgl.: Ebd. S. 55.
[28] Vgl.: Block/ Schulz: Die Anwälte Ströbele, Mahler, Schily. S. 60.
[29] Vgl.: Reinecke: Otto Schily. S. 65.

denen er sich über die Grundprobleme der damaligen Zeit austauschen konnte. Er selbst schilderte dies folgendermaßen: *„In dieser Atmosphäre bin ich mit vielen Schauspielern und Künstlern und vielen anderen bekannt geworden. Dann ergab sich eine Entwicklung, die auch zur Gründung des sogenannten Republikanischen Clubs geführt hat. Es war mehr eine liberal-sozialdemokratisch, teilweise auch kommunistische Gruppierung, die sich als Debattierclub zusammenfand.“*[30] Das *„links“* sein ist im Jahr 1967 in und nichts Ungewöhnliches, da es innerhalb des CDU-Staates zu einem Reformstau gekommen war.[31]

Es gab aber auch noch zwei andere bedeutende Gründe für Schilys Schwenk nach links in der damaligen Zeit. Zum einen ist hier seine erste Frau Christine Hellwag zu nennen. Durch sie entstanden Kontakte zum Sozialistischen Deutschen Studentenbund und ohne sie wäre Schily auch nicht auf viele der Demonstrationen der Außerparlamentarischen Opposition gegangen.[32] Im Jahr 1967 kam auch die Tochter der beiden, Jenny Rosa, zur Welt. Benannt ist sie nach der Ehefrau von Karl Marx, Jenny, und nach Rosa Luxemburg.[33] Auch diese Namensgebung ist ein starker Ausdruck für die linke Ausrichtung Schilys um das Jahr 1967. Zum anderen teilte er die Abneigung vieler Deutscher gegen den Krieg der USA in Vietnam. Schily selbst sieht sich als begeisterter Freund der USA, der sich aber sehr enttäuscht von deren Verhalten gegenüber der vietnamesischen Bevölkerung zeigte.[34] Äußere Umstände beeinflussten Schily hier sehr deutlich. Auf der einen Seite stand die Unzufriedenheit mit der politischen Situation in der Bundesrepublik Deutschland zu Zeiten der Großen Koalition und auf der anderen Seite die enorme Betroffenheit, die die Meldungen und Bilder aus Vietnam auslösten. Damit stand Schily aber bei weitem nicht alleine, er macht vielmehr eine Entwicklung durch, die auch viele andere Menschen in der Bundesrepublik Deutschland erlebten.

Schily kann aber nicht als Radikaler bezeichnet werden. Seine Sympathie für viele Ziele der Außerparlamentarischen Opposition ist unübersehbar, trotzdem bleibt er aber immer ein liberal gesinnter Rechtsanwalt.[35] Sein Verhältnis zu den protestierenden Studenten war zwiespältig. Er unterstützte und verteidigte viele von ihnen in

---

[30] Block/ Schulz: Die Anwälte Ströbele, Mahler, Schily. S. 60.
[31] Vgl.: Reinecke: Otto Schily. S. 61.
[32] Vgl.: Block/ Schulz: Die Anwälte Ströbele, Mahler, Schily. S. 61.
[33] Vgl.: Ebd. S. 70.
[34] Vgl.: Ebd. S. 77.
[35] Vgl.: Wolfgang Kraushaar: 1968 und die RAF. Ein umstrittenes Beziehungsgeflecht. In: Vorgänge. Zeitschrift für Bürgerrechte und Gesellschaftspolitik. 44. Jahrgang, Sept./Dez. 2005, Heft 3/4. Weinheim/ Basel 1977. S. 208-220. Hier: S. 209.

Prozessen, die gegen sie aufgrund der Demonstrationen angestrengt wurden. Sein Rechtsbeistand war dabei sehr gefragt. Für andere unterschrieb er zum Beispiel Mietverträge, da er durch sein seriöses Auftreten ohne Probleme eine Wohnung bekommen konnte, die viele Studenten wegen ihrer Erscheinung nicht bekommen würden. Unter anderem mietete er eine Altbauwohnung in der Wielandstraße 13 an, in der die so genannte Wieland-Kommune entstand, deren Bewohner zum Beispiel die späteren Terroristen der Bewegung 2. Juni, Georg von Rauch und Michael Baumann, waren.[36] Wegen dieser Hilfsbereitschaft bekam Schily später aber einige Schwierigkeiten, da die Mitglieder der Wieland-Kommune bei ihrem Abtauchen in den Untergrund mehrere unbezahlte Rechnungen hinterließen.[37] Er versuchte aber auch Distanz zu den Studenten zu wahren. Der SPIEGEL schrieb über ihn:

> *„Er tat sich schwer mit studentischen Versammlungen, wo schlecht gekleidete Leute saßen, die schlecht tranken und schlecht aßen; Leute, die nach vielen Stunden in der Enge auch noch schlecht rochen. Schily ging lieber in schicke Bars und trug gute Anzüge und Krawatte. Vielleicht fand er es ein bisschen schick, links zu sein, aber noch schicker war es für ihn, in einer linken Szene nicht ganz und gar links zu sein.“*[38]

Schily bekam so in der linken Szene einen Ruf als *„Salonmarxist“*, weil er immer und überall überkorrekt gekleidet erschien.[39] Gleichzeitig galt er als Idealtypus eines *„Schilis“*, eines *„schicken Linken“*, da er meist mit Anzug und Krawatte auftrat.[40] Dieses Wortspiel hat auch wegen seines Nachnamens seinen ganz eigenen Reiz. Bernd Rabehl, der eine führende Figur des Sozialistischen Deutschen Studentenbund war, sagte über die Persönlichkeit Schilys, sie hätten ihn nie *„als Genossen betrachtet. Er war der Bürger unter den Rebellen: steif, zurückhaltend, unnahbar.“*[41] Sein prägendster Wesenzug ist die Distanz.[42] Schily legt auf die Distanz immer großen Wert, das wird auch später als Politiker so bleiben.

---

[36] Vgl.: Karin König: Zwei Ikonen des bewaffneten Kampfes. Leben und Tod Georg von Rauchs und Thomas Weisbeckers. In: Wolfgang Kraushaar (Hg.): Die RAF und der linke Terrorismus. Band 1. Hamburg 2006. S. 430-471. Hier: S. 441.
[37] Vgl.: Reinecke: Otto Schily. S. 71.
[38] Dirk Kurbjuweit: Ganz links, ganz rechts, ganz oben. In: DER SPIEGEL vom 09.02.2002.
[39] Vgl.: Block/ Schulz: Die Anwälte Ströbele, Mahler, Schily. S. 60.
[40] Vgl.: Reinecke: Otto Schily. S. 66.
[41] Reinecke: Otto Schily. S. 72.
[42] Vgl.: Ebd.

Auch zur Anti-Schah-Demonstration am 2. Juni 1967 hielt Schily Distanz. Der Grund dafür war aber vor allem, dass seine Tochter erst kurz zuvor geboren wurde und er mit seiner Frau unterwegs war, die von der Geburt noch geschwächt war und er sie schonen wollte.[43] So erlebte er dieses Ereignis nur aus der Ferne. Schily war aber genauso wie alle Mitglieder der Außerparlamentarischen Opposition schockiert über den Tod Benno Ohnesorgs durch eine Polizeikugel. Im Gegensatz zu vielen anderen, die nach diesem Tag für Gegengewalt plädierten, blieb er aber besonnen. Schily forderte die Studenten auf, vernünftig zu bleiben und sah ihren Auftrag darin, dass nun *„die Studenten den Rechtsstaat gegen die Polizei verteidigen"* müssten.[44] Wie so oft ist Schily in einer aufgeheizten Atmosphäre der ruhende Pol. Sein ausgesprochenes Talent liegt darin, die Ruhe zu bewahren und am Ende vernünftige Entscheidungen zu treffen. Diese Vernunft ist ein Leitfaden Schilys, die auch damit verbunden ist, dass er eine Abneigung hat gegen alles was seiner Karriere im Wege stehen könnte.[45] Aber auch sein Verhältnis zum Bürgertum, dem er entstammt und zu dem er den Kontakt nie vollständig verlieren wird, ist nicht ungetrübt. Beispielhaft steht hierfür ein Vorkommnis an Weihnachten 1967. Schily ist dabei, als Rudi Dutschke in der Gedächtniskirche zur Berliner Bevölkerung reden will, aber von der Masse niedergeschrien und niedergeschlagen wird und sich das Bürgertum somit nicht so verhält, wie es sich Schily vorstellte.[46]

Ein Schlüsseldatum, wenn es darum geht, die Karriere des Strafverteidigers Schily zu analysieren, ist der 2. Juni 1967 und der Tod des Studenten Benno Ohnesorgs durch eine Polizeikugel an diesem Tag. Denn nach diesem Datum kam diese Karriere erst so richtig in Schwung, da nun juristisches Geschick gefragt war, um Beweismittel sicherzustellen und Zeugen zu befragen.[47] In den Tagen nach dem 2. Juni 1967 wurden immer mehr Details bekannt, wie es zum Tod des Studenten Benno Ohnesorg kommen konnte. Die linke Szene in Berlin war empört über die Umstände. Der Polizist Karl-Heinz Kurras, der den tödlichen Schuss abgab, wurde angeklagt. Horst Mahler, der zu jener Zeit der führende Anwalt der Außerparlamentarischen Opposition war, bot Schily an, gemeinsam die Eltern von Benno Ohnesorg in diesem Prozess zu vertreten.[48] Dies war für Schily gleichzeitig der erste Strafprozess als

[43] Vgl.: Block/ Schulz: Die Anwälte Ströbele, Mahler, Schily. S. 70.
[44] Reinecke: Otto Schily. S. 82.
[45] Vgl.: Ebd. S. 71.
[46] Vgl.: Ebd. S. 67f.
[47] Vgl.: Ebd. S. 81.
[48] Vgl.: Michels: Otto Schily. S. 51.

Verteidiger, der einen politischen Hintergrund hatte.[49] Kurras wurde in diesem Prozess freigesprochen. Formal endete der Prozess also mit einer Niederlage Schilys. Ihm gelang es jedoch, beim Bundesgerichtshof Revision gegen das Urteil einzulegen, was als großer Erfolg anzusehen war, obwohl Kurras auch im zweiten Prozess freigesprochen wurde.[50] Aber alleine die Tatsache, dass es in diesem Prozess zu einer nicht erwarteten Revisionsverhandlung kam, sprach für Schilys Fähigkeiten als Verteidiger. Mit diesem Prozess begann der Aufstieg Schilys in die vorderste Reihe der linken Strafverteidiger in politischen Prozessen. Erfolgreich konnte Schily auch deshalb sein, weil er einen bürgerlichen Hintergrund besaß und daher sowohl die Sichtweisen des Bürgertums kannte, als auch viele Kontakte zur linken Szene hatte. Der Kurras-Prozess war deshalb *„der Beginn seiner Karriere als öffentliche Figur. Fortan spielt er, in den siebziger Jahren als RAF-Verteidiger bis in die Achtziger als Bürgerlicher bei den Grünen, die Rolle eines Übersetzers, eines Bindegliedes zwischen der Welt der linken Subkultur und der bundesdeutschen Normalität. Und das tut er so gekonnt und effektiv wie kein Zweiter.“*[51] Schily kennt beide Seiten sehr gut und ist mit beiden auch verbunden. Diese Kenntnis kam ihm bei seiner Prozessführung, aber auch bei seiner späteren politischen Karriere sehr zu Gute.

Seinen zweiten politischen Prozess von Bedeutung führte Schily als Verteidiger Horst Mahlers. Dieser nahm in vorderster Reihe an den Osterdemonstrationen 1968, nach dem Attentat auf Rudi Dutschke, teil und sollte anschließend die dabei entstandenen Schäden am Springer-Hochhaus aus eigener Tasche bezahlen.[52] Da Mahler viel von Schily hielt, sollte ihn dieser sowohl im Straf- als auch im Zivilprozess verteidigen.[53] Hier bot sich die Chance für Schily, sich erneut als herausragender linker Strafverteidiger darzustellen. Er stand zwar noch im Schatten Mahlers, als dem herausragenden Anwalt der Außerparlamentarischen Opposition, aber dessen weitere Karriere war in Gefahr, da ihm aufgrund von Anklagen andauernd die Aberkennung der Anwaltslizenz drohte. Schily hingegen ließ sich nichts zuschulden kommen und stand daher dauerhaft als Verteidiger zur Verfügung. Der Mahler-Prozess endete letztendlich damit, dass dieser zu neun Monaten Gefängnis auf

[49] Vgl.: Ebd.
[50] Vgl.: http://www.faz.net/s/RubFC06D389EE76479E9E76425072B196C3/Doc~E967CDB96877F47149B51F1494F8CEE3E~ATpl~Ecommon~Scontent.html (letzter Zugriff: 01.12.2010).
[51] Reinecke: Otto Schily. S. 82.
[52] Vgl.: Block/ Schulz: Die Anwälte Ströbele, Mahler, Schily. S. 93.
[53] Vgl.: Ebd.

Bewährung und zu einer Zahlung von 71000 DM Schadensersatz verurteilt wurde.[54] Der größte Erfolg für Schily in diesem Prozess bestand darin, dass es ihm gelang Axel Springer als Zeuge vorladen zu lassen und ihm die Schuld für die Osterunruhen zu geben.[55] Die Springer-Presse war zu dieser Zeit bei allen Linken verhasst. Sie wurde beispielsweise auch für das Attentat auf Rudi Dutschke verantwortlich gemacht. Schily erhielt für seine Prozessführung viel Anerkennung bei den Linken. Aber auch Axel Springer war beeindruckt von Schily: *„Dieser Mann ist großartig. Schade, dass er auf der anderen Seite steht. Den würde ich sofort zu meinem Justitiar machen."*[56]

2.2 Christian Ströbele und der Eintritt in das Sozialistische Anwaltskollektiv nach dem Tod Benno Ohnesorgs

Christian Ströbele wurde am 7. Juni 1939, nur wenige Wochen vor Kriegsbeginn, in Halle an der Saale geboren.[57] Sein Vater war von Beruf Chemiker und seine Mutter Juristin, die beide dem Nationalsozialismus mit Skepsis gegenüberstanden.[58] Er stammte also aus einer Akademikerfamilie. Nach Kriegsende brachte die US-Armee qualifizierte Fachkräfte in den Westen Deutschlands, darunter auch die Ströbeles, die sich schließlich in Marl in Westfalen niederließen, da der Vater dort eine Arbeitsstelle fand.[59] Ströbele legte 1959 in Marl sein Abitur ab und absolvierte anschließend den einjährigen Wehrdienst bei der Bundeswehr.[60] In dieser Zeit fragte er sich, welchen beruflichen Weg er einschlagen sollte. Während der Bundeswehrzeit informierte er sich beispielsweise über die Wehrgesetze und konnte so vielen seiner Kameraden in Rechtsfragen helfen, was schließlich den Ausschlag dafür gab, dass er sich für ein Jurastudium, zunächst für zwei Semester in Heidelberg, später in Berlin, entschied.[61] Das Berlin der 1960er Jahre sollte Ströbele für seinen weiteren Lebensweg stark prägen. Das Klima in der Stadt veränderte sich nach dem Mauer-

---

[54] Vgl.: Block/ Schulz: Die Anwälte Ströbele, Mahler, Schily. S. 93f.
[55] Vgl.: Ebd. S. 94.
[56] Ebd.
[57] Vgl.: Ebd. S. 35.
[58] Vgl.: Ebd. S. 39.
[59] Vgl.: Ebd.
[60] Vgl.: Ebd. S. 40.
[61] Vgl.: Ebd. S. 41.

bau deutlich. Ströbele war davon direkt betroffen. Er half beispielsweise als Jurastudent Ostberlinern, nach dem Bau der Mauer, in den Westen zu kommen.[62]
Die entscheidenden Vorkommnisse, die zur Politisierung Ströbeles führten, ereigneten sich aber in den Jahren 1967 und 1968. Zuallererst ist hier wie bei vielen anderen der Vietnam-Krieg zu nennen. Ströbele sah einen Zusammenhang zwischen der Situation in Deutschland und dem Vietnam-Krieg, da die Staatsmacht gegen die Proteste entschlossen vorging und damit aus seiner Sicht die Fortführung dieses brutalen Krieges erst ermöglichte.[63] Aber diese Sichtweise entstand bei ihm, im Rückblick betrachtet, nicht *„nur wegen des Vietnamkrieges. Es gab viele Gründe. Für mich war 1968 einer, dass der einzige Richter vom Volksgerichtshof, der jemals vor Gericht gestanden hatte, freigesprochen wurde. Ausgerechnet von dem Richter, der mich in Strafsachen ausbildete. Das hat mich sehr beschäftigt. Ich verhehle nicht, dass ich die revolutionäre Veränderung Ende der sechziger Jahre für notwendig und machbar gehalten habe."*[64] Bei Ströbele ist hier Kritik am Zustand der Bundesrepublik Deutschland am Ende der 1960er Jahre erkennbar. Diese resultierte daraus, dass zu dieser Zeit noch viele Altnazis in führenden Positionen tätig waren und der Staat keine Anstalten machte, dagegen vorzugehen. Der Glaube an die guten Absichten ging dabei bei vielen verloren. Zunächst nahm Ströbele an vielen Demonstrationen teil, bis sich Ende 1969 die Erkenntnis innerhalb der linken Szene Berlins durchsetzte, dass Demonstrationen nicht mehr weiterhelfen.[65] Es boten sich daher mehrere Alternativen für die Linken. Zum einen wurde die Möglichkeit diskutiert, Veränderungen durch Gewalt oder Arbeit im Untergrund zu erzwingen, was für Ströbele aber nicht in Frage kam, denn er lehnt Gewalt *„als Mittel zur politischen Veränderung ab, kann aber nachvollziehen, dass angesichts von Gewalterfahrungen manche Genossen zu anderen Schlüssen kommen."*[66] Dieser Gedankengang ist entscheidend dafür, dass Ströbele in den 1970er Jahren RAF-Anwalt wurde. Er kannte viele Gründungsmitglieder der RAF schon seit den 1960er Jahren von zahlreichen Demonstrationen. Ströbele teilte zwar nicht ihre Meinung, dass mit Gewalt eine gesellschaftliche Umwälzung zu erreichen ist, gleichzeitig respektierte er aber diese Einstellung, weil er wusste und es verstehen konnte, wie es dazu gekommen war. Zum anderen war auch der so genannte Marsch durch die Institutionen eine Alterna-

[62] Vgl.: Reinecke: Otto Schily. S. 53.
[63] Vgl.: Block/ Schulz: Die Anwälte Ströbele, Mahler, Schily. S. 75.
[64] http://www.freitag.de/2007/35/07350401.php (letzter Zugriff: 13.12.2010).
[65] Vgl.: Block/ Schulz: Die Anwälte Ströbele, Mahler, Schily. S. 119.
[66] Ebd. S. 103.

tive. Diesen Weg schlug auch Ströbele ein. Das Ziel lautete dabei, von innen heraus die Gesellschaft zu verändern und zentrale Positionen innerhalb des politischen Systems zu erlangen.[67]

Ströbeles Verständnis für Mitglieder der linken Szene, die Gewalt anwendeten, um die Gesellschaft zu verändern, resultierte zu einem großen Teil auch aus der Erfahrung des 2. Juni 1967. Diesen Tag erlebte er in Berlin hautnah mit. Später beschrieb er dieses Ereignis aus seiner Sicht wie folgt: *„Der 2. Juni 1967 war für mich fast ein Schicksalstag, ein Schlüsselerlebnis, weil er geradezu der Anlass meiner Politisierung und Teilnahme an der Außerparlamentarischen Opposition war."*[68] Er war empört über den Umgang mit den Demonstranten durch die Behörden und auch durch die Medien. Beispielsweise erschien am Tag danach ein Bild einer blutüberströmten Frau in einer Berliner Zeitung, die angeblich von einem Stein der Demonstranten, die in der Bildunterschrift als Chaoten bezeichnet wurden, getroffen worden war, wobei sich diese Frau jedoch im Laufe des Tages meldete und klarstellte, dass ihre Verletzung in Wirklichkeit von einem Polizeiknüppel verursacht worden war.[69] Diese Situation war für Ströbele unerträglich. Erstens konnte er keinem Staat vertrauen, in dem Demonstranten von Polizeiknüppeln getroffen wurden oder sogar, wie Benno Ohnesorg, unter unerklärlichen Umständen erschossen wurden und zweitens wollte er nicht in einem Staat leben, in dem die Medien eindeutig Partei ergriffen und die Demonstranten als Chaoten in der Öffentlichkeit darstellten. Über diese Vorkommnisse war Ströbele tief empört und er entschloss sich noch am gleichen Tag dazu, sich bei Horst Mahler zu melden und ihm anzubieten *„ihn als Referendar bei seiner Arbeit zur Verteidigung der Studenten und der APO-Angehörigen zu unterstützen."*[70] Mit dieser Entscheidung wurde auch der Grundstein für Ströbeles weiteren beruflichen Lebensweg gelegt. Ursprünglich wollte er nämlich nicht Rechtsanwalt werden, sondern Richter, was ihm aber nach eigenen Angaben verwehrt blieb, obwohl die Noten dafür gereicht hätten, da es ihm übel genommen wurde, dass er in Mahlers Kanzlei als Referendar arbeitete und dadurch Mitglieder der Außerparlamentarischen Opposition verteidigte.[71]

In Mahlers Kanzlei fühlte sich Ströbele wohl. Er bekam die Gelegenheit Fälle zu bearbeiten, die ihm am Herzen lagen. So kam es, dass Horst Mahler, Christian

---

[67] Vgl.: Block/ Schulz: Die Anwälte Ströbele, Mahler, Schily. S. 119.
[68] Ebd. S. 69.
[69] Vgl.: Ebd.
[70] Ebd.
[71] Vgl.: Ebd. S. 41.

Ströbele und Klaus Eschen im Jahr 1969 eine gemeinsame Kanzlei gründeten, die sich Sozialistisches Anwaltskollektiv nannte.[72] Das Sozialistische Anwaltskollektiv machte es sich zur Aufgabe, zum Beispiel bei Demonstrationen festgenommene Studenten vor Gericht zu vertreten und ihnen so einen solidarischen Rechtsbeistand zu geben, der ihre Beweggründe nachvollziehen konnte und dadurch eine effektivere Verteidigung ermöglichte, was auch erfolgreich dazu führte, dass viele Strafen milder ausfielen als vom Staatsanwalt gefordert.[73] Aber sie verteidigten nicht nur Studenten, sondern der Grundsatz lautete immer, den gesellschaftlich schwächer gestellten zu verteidigen und diesem ein faires Verfahren zu ermöglichen. Beispielsweise wurden also Arbeitnehmer gegen Arbeitgeber, Mieter gegen Vermieter, Kinder gegen Eltern oder Bürger gegen den Staat vertreten.[74] Ströbele urteilte später über das Sozialistische Anwaltskollektiv: *„Wir sahen uns an der Seite der außerparlamentarischen Bewegung, die wir unterstützen sollten an der Seite der Sozialisten oder auf dem Wege zum Sozialismus.“*[75] Die sozialistische Seite innerhalb Ströbeles politischer Meinung tritt also unverkennbar zu Tage. Er war zu Beginn seiner Karriere so sehr vom Sozialismus überzeugt, dass er keine Rentenversicherung abschloss, da diese später nicht nötig sei.[76] Die Umsetzung dieser Einstellung war auch täglich in der gemeinsamen Kanzlei zu spüren. Alle im Büro Arbeitenden verstanden sich als Kollektiv, da alle den gleichen Lohn bekamen und alle das Büro betreffende Fragen gemeinsam gelöst werden sollten.[77] Damit spielte das Sozialistische Anwaltskollektiv eine Vorreiterrolle in der Bundesrepublik. Bis dahin gab es keine Rechtsanwaltskanzlei, die sich ausschließlich darauf konzentrierte, schwächer gestellte Personen zu verteidigen. In der linken Szene Berlins erlangte es so eine wichtige Bedeutung als Rechtsbeistand vor Gericht. Das Sozialistische Anwaltskollektiv existierte bis zum Juli 1979 in immer wieder anderer Zusammensetzung, bis die Mitglieder schließlich eigene Wege gingen.[78]

[72] Vgl.: Klaus Eschen: Das Sozialistische Anwaltskollektiv. In: Wolfgang Kraushaar (Hg.): Die RAF und der linke Terrorismus. Band 2. Hamburg 2006. S. 957-972. Hier: S. 960.
[73] Vgl.: Block/ Schulz: Die Anwälte Ströbele, Mahler, Schily. S. 126.
[74] Vgl.: Eschen: Das Sozialistische Anwaltskollektiv. S. 960.
[75] Block/ Schulz: Die Anwälte Ströbele, Mahler, Schily. S. 124.
[76] Vgl.: Ebd.
[77] Vgl.: Eschen: Das Sozialistische Anwaltskollektiv. S. 960.
[78] Vgl.: Ebd. S. 971.

2.3 Unterschiede und Gemeinsamkeiten

Vergleicht man die Kindheit und Jugend Otto Schilys und Christian Ströbeles, fällt auf, dass beide aus gebildeten Kreisen stammen. Beiden war es möglich, auch aufgrund ihrer Erziehung, das Abitur abzulegen. Sie entschieden sich anschließend für ein Jurastudium, das sie nach Berlin führte und das sie dort auch beendeten. Für beide war dieser Umzug der Grundstein für ihre spätere Karriere. So kamen sowohl Schily als auch Ströbele in Kontakt mit der linken Berliner Szene der 1960er Jahre. Ihre weitere Politisierung verlief ähnlich mit dem Schlüsseldatum 2. Juni 1967 und dem Tod des Studenten Benno Ohnesorg. Damit gehörten sie zu einer Vielzahl von jungen Berlinern, denen es ähnlich ging. Sie verband ihre Abneigung gegen den Vietnam-Krieg der USA. Sie setzten diese 1968 sogar praktisch um als Schily und Ströbele gemeinsam *„gesammeltes Geld für den Vietcong nach Ostberlin in die nordvietnamesische Botschaft“* brachten.[79] Bei den Entwicklungen des Jahres 1968 waren sie aber nicht immer in vorderster Front zu finden. Im Gegensatz zum Beispiel zu ihrem Anwaltskollegen Horst Mahler, hielten sich Schily und Ströbele bei den Osterdemonstrationen 1968 eher zurück und konzentrierten sich auf die rechtliche Vertretung von verletzten und verhafteten Demonstranten.[80]
Gleichzeitig sind aber auch Unterschiede in den persönlichen Entwicklungen Schilys und Ströbeles vorhanden. Schily stammt aus der Familie eines Vorstandsvorsitzenden eines wichtigen Unternehmens. Manchmal wird dies sichtbar, wenn er sich als Mitglied einer Elite fühlt und auch dadurch Distanz zu seinen Bekannten aufbaut. Ströbele fehlt dieser Charakterzug, was sich zum Beispiel auch in seinem Umgang zu seinen Mandanten zeigt. Er solidarisierte sich mit ihnen deutlich stärker, als es Schily tat, was auch anhand seiner Mitgliedschaft im Sozialistischen Anwaltskollektiv, zu dessen Hauptzielen der solidarische Rechtsbeistand zählte, erkennbar ist. Dieser Unterschied tritt, wie noch zu schildern sein wird, in den 1970er Jahren, als beide RAF-Anwälte sind, noch viel deutlicher zu Tage. Diese Entwicklung hat ihren Ursprung aber eindeutig in den 1960er Jahren. Beispielhaft steht hierfür auch eine Begebenheit aus dem Jahr 1969, als Horst Mahler Schily für eine Mitgliedschaft im Sozialistischen Anwaltskollektiv gewinnen wollte. Schily lehnte dies mit folgender Begründung ab: *„Das ist Quatsch. Was heißt denn Kollektiv? Ich – und kein Kollektiv*

---

[79] Reinecke: Otto Schily. S. 67.
[80] Vgl.: Block/ Schulz: Die Anwälte Ströbele, Mahler, Schily. S. 92.

– *verteidige meinen Mandanten.*“[81] Hier wird deutlich, dass Schilys Ansichten bei weitem nicht so sozialistisch waren, wie die von Ströbele.

Unterschiede treten auch zu Tage in der rückwärtigen Bewertung der damaligen Demonstrationen. Beispielhaft steht hierfür die verschiedene Beurteilung der Notstandsgesetzgebung. 1968 glaubte Schily, dass diese den Untergang der Demokratie bedeuten würde, was er heute nicht mehr verstehen kann, da sie bei weitem nicht die Auswirkungen auf das politische System der Bundesrepublik hatte, wie er zunächst befürchtete.[82] Ströbele sieht dies völlig anders. Er ist noch heute entsetzt über die, aus seiner Sicht, erhebliche Überreaktion des Staates. Seiner Meinung nach trug diese Politik des Staates deutlich zur Eskalation der Gewalt bei.[83] Diese Meinungsverschiedenheiten treten jedoch erst in der Rückschau zu Tage. In den späten 1960er Jahren waren diese noch nicht zu erkennen. Zum einen, weil beide noch den gemeinsamen Gegner im Staat sahen, wobei auch hier zu differenzieren ist, da Schily nicht den Staat als solchen als Gegner sah, sondern nur die staatlichen Stellen, die den Rechtsstaat aus seiner Sicht falsch interpretierten. Laut seinem Biografen Michels sah Schily den Staat ab Ende der 1960er Jahre bis Anfang der 1980er Jahre auf Abwegen, aber blieb selbst da ein Verfechter des staatlichen Gewaltmonopols da er einen intakten Staat möchte, *„der sich an die von ihm aufgestellten Regeln strikt hält, der nicht exzessiv, aber wehrhaft agiert gegen jeden, der ihm die Wurzeln zu beschneiden trachtet.“*[84] Zum anderen stellte sich die linke Szene in den späten 1960er Jahren im Vergleich zu den 1970er Jahren nach außen hin noch deutlich homogener dar. In den 1970er Jahren sorgten beispielsweise die RAF und die Frage nach der Haltung ihr gegenüber für große Meinungsverschiedenheiten innerhalb der Linken. In diesem Kontext ist es nicht weiter verwunderlich, dass die unterschiedlichen Ansichten, die Schily und Ströbele später trennen werden, in der Öffentlichkeit noch nicht deutlich zu erkennen sind.

[81] Reinecke: Otto Schily. S. 144.
[82] Vgl.: Block/ Schulz: Die Anwälte Ströbele, Mahler, Schily. S. 100f.
[83] Vgl.: Ebd. S. 216.
[84] Michels: Otto Schily. S. 180.

3 Die Zeit als RAF-Verteidiger in den 1970er Jahren

3.1 Otto Schily

3.1.1 Der Kaufhausbrandstifterprozess, die Mahler-Prozesse und der Aufstieg zum führenden RAF-Verteidiger

Am 13. September 1965 trat Otto Schily zum ersten Mal als Rechtsanwalt eines späteren Mitglieds der Roten Armee Fraktion in Erscheinung, als er Andreas Baader wegen Fahrens ohne Führerschein und Urkundenfälschung verteidigte.[85] Zu dieser Zeit hatte Schily erst seit zwei Jahren seine Anwaltszulassung und war noch für längere Zeit als Wirtschaftsanwalt tätig.[86] Die Verteidigung Baaders zeigt seine schon vorhandenen Kontakte zur linken Szene Berlins. Schily war innerhalb der Linken als Verteidiger ein gefragter Mann. Dies war nicht erst eine Entwicklung der Jahre 1967 und 1968. In diesen Jahren verstärkte sie sich eindeutig, aber auch schon vorher übernahm er Mandanten, die nicht in das typische Muster für Klienten eines Rechtsanwalts passten, der in einer angesehenen Anwaltskanzlei arbeitete.
Wiederum über Horst Mahler, wie auch schon im Kurras-Prozess, ergab sich für Schily drei Jahre später eine weitere Möglichkeit sich als fähiger Anwalt der Linken darzustellen.[87] Ab 14. Oktober 1968 verteidigte er Gudrun Ensslin vor dem Frankfurter Landgericht im so genannten Kaufhausbrandstifter-Prozess, in dem Ensslin zusammen mit Andreas Baader, Thorwald Proll und Horst Söhnlein angeklagt war, in zwei Frankfurter Kaufhäusern Brandsätze gelegt zu haben.[88] Ihr Anwalt wird Schily auch Mitte der 1970er Jahre im Stammheim-Prozess sein. Das Interesse an der Persönlichkeit Ensslins gab hierfür wohl den Ausschlag. Sie war die Intellektuelle auf der Anklagebank in Frankfurt. Im Gegensatz zu dem oft aggressiv und proletenhaft auftretenden Baader und den Mitläufern Proll und Söhnlein, war sie der geistige Mittelpunkt dieser Gruppe. Von dieser Rolle war Schily fasziniert. Gleichzeitig hatten beide einen ähnlichen familiären Hintergrund, da beide aus dem Bürgertum stammten. Gemeinsamkeiten in der Familiengeschichte bestanden darin, dass beide Elternhäuser Distanz zum Nationalsozialismus wahren konnten, die Verantwortung

[85] Vgl.: Butz Peters: Tödlicher Irrtum. Die Geschichte der RAF. 4. Auflage. Berlin 2008. S. 59.
[86] Vgl.: Ebd.
[87] Vgl.: Block/ Schulz: Die Anwälte Ströbele, Mahler, Schily. S. 112.
[88] Vgl.: Peters: Tödlicher Irrtum. S. 105.

des Einzelnen in der Erziehung eine bedeutende Rolle gespielt hatte und das Erlernen eines Musikinstruments Pflicht war.[89] Gerade die heimliche Leidenschaft Schilys, das Musizieren, brachte ihm die Persönlichkeit Ensslins näher. Diese geistige Verbundenheit wurde auch deutlich in zwei Vorkommnissen während Schilys Schlussplädoyers. In diesem sprach er über Ensslin als *„von einer unschuldigen Gewissenstäterin, der das Schlüsselerlebnis Vietnam die Augen für den Widerspruch zwischen bürgerlichen Idealen und der Wirklichkeit geöffnet habe."*[90] Schily ließ hier auch seine entschiedene Gegnerschaft zum Vietnam-Krieg erkennen. Er brach während dieses Schlussplädoyers sogar in Tränen aus, da er ihre Motive verstehen konnte.[91]

Das Urteil am siebten Verhandlungstag, dem 31. Oktober 1968, lautete schließlich auf drei Jahre Gefängnis.[92] Für die Anwälte, viele Prozessbeobachter und auch große Teile der Medien war dieses Urteil überzogen. Gerade die Tatsache, dass keine Menschen verletzt wurden, kann als Beleg für ein hartes Urteil herangezogen werden. Schily versuchte es mit einem Gnadengesuch an den hessischen Justizminister, das aber abgelehnt wurde, und schrieb darin: *„Gudrun Ensslin ist Überzeugungs-, ja Gewissenstäterin ... Es ist mit Sicherheit zu erwarten, dass sie keine Straftaten mehr begehen wird."*[93] Ihn zeichnete aus, dass er sich immer mit vollem Einsatz für seine Mandanten einsetzte. Seine Vermittlerrolle trat auch während des Frankfurter Prozesses zu Tage. So kam es zu einem Robenstreit zwischen den Anwälten und den Richtern, da sich zum Beispiel Mahler weigerte seine Robe im Gerichtssaal zu tragen. Schily vermied Ärger mit den Richtern, aber auch mit den Mandanten, die Solidarität einforderten, indem er einen praktischen Mittelweg einschlug und die Robe anzog, wenn er redete und sie anschließend wieder ablegte.[94] Ihm kamen hierbei seine Besonnenheit und sein Pragmatismus zu Gute. Klaus Eschen, der auch als Verteidiger im Kaufhausbrandstifterprozess tätig war, urteilte dazu über Schily: *„Schily ... hat Prozesse immer strikt für seine Mandanten geführt – nie, wie manche andere Anwälte, für sich selbst."*[95] Damit unterschied er sich tatsächlich von vielen linken Rechtsanwälten der späten 1960er Jahre und auch darin lag Schilys Sonderstellung innerhalb der linken Szene begründet, da er als fähiger

[89] Vgl.: Reinecke: Otto Schily. S. 94.
[90] Hellmut Brunn/ Thomas Kirn: Rechtsanwälte, Linksanwälte. Frankfurt am Main 2004. S. 92.
[91] Vgl.: Block/ Schulz: Die Anwälte Ströbele, Mahler, Schily. S. 115.
[92] Vgl.: Peters: Tödlicher Irrtum. S. 112f.
[93] Block/ Schulz: Die Anwälte Ströbele, Mahler, Schily. S. 117.
[94] Vgl.: Reinecke: Otto Schily. S. 96f.
[95] Ebd. S. 97.

und engagierter Verteidiger galt, der durch eine nüchterne Prozessführung auch auf der Gegenseite respektiert wurde.
Für Schily bedeuteten die letzten Wochen des Jahres 1968 viel Stress. Es stand ein Prozessmarathon für ihn an, da nur vier Tage nachdem das Urteil im Kaufhausbrandstifterprozess gesprochen wurde, in Berlin das Ehrengerichtsverfahren gegen Horst Mahler begann, bei dem er, zusammen mit Josef Augstein, dessen Verteidiger war und einen Freispruch für Mahler erreichte.[96] Durch diese beiden Prozesse, die Ende des Jahres 1968 stattfanden, wurde Schily endgültig zu einem Mann des öffentlichen Lebens. Innerhalb der linken Bewegung nahm er immer mehr die Rolle des Staranwalts ein, die Mahler verließ, da dieser sich immer mehr Anklagen und Prozessen gegenübersah.[97] Schilys entscheidender Vorteil im Vergleich mit Mahler war, dass er sich nichts zuschulden kommen ließ und daher keine Angst vor Prozessen gegen seine eigene Person haben musste. Durch die öffentliche Bedeutung und das Interesse breiter Bevölkerungsschichten an dem Kaufhausbrandstifterprozess wurde Schily immer bekannter. Er selbst war an dieser Entwicklung sehr interessiert. Die öffentliche Meinung sollte ihm Zeit seines politischen Lebens sehr wichtig bleiben und er will immer Kenntnis über sein eigenes Image besitzen. Beispielhaft ist hier zu nennen, dass er ständig wissen will, was die großen Zeitungen der Bundesrepublik über ihn schreiben und er daher noch 1968 einen Ausschnittsdienst beauftragte, alle Zeitungsartikel über ihn zusammenzutragen.[98]
Eine neue Dimension nahmen Schilys Tätigkeiten in politischen Prozessen zu Beginn der 1970er Jahre an. Mahler tauchte nach der Baader-Befreiung unter. Seit dem 6. Juni 1970 war Schily dessen Anwalt, obwohl Mahler sich noch im Untergrund befand.[99] Schily hatte Mahler durch diese Entwicklung endgültig als Staranwalt der Linken abgelöst. Nachdem Mahler verhaftet wurde, kam es 1971 und 1973 zu zwei Prozessen gegen ihn. Seine Verteidiger waren Schily und Ströbele. Diese Prozesse wurden von großem öffentlichem Interesse begleitet. Die Atmosphäre in der Bevölkerung war aufgeheizt. *„Vor Prozessbeginn wird Schily nachts von anonymen Anrufern beschimpft, weil er Terroristen schütze.“*[100] Diese Tatsache erschwerte die Verteidigung natürlich ungemein, da Schily dadurch auch unter einem hohen persönlichen Druck stand und Angst haben musste, auch persönlich bedroht zu werden. Trotz

---

[96] Vgl.: Reinecke: Otto Schily. S. 105.
[97] Vgl.: Ebd. S. 113.
[98] Vgl.: Ebd.
[99] Vgl.: Peters: Tödlicher Irrtum. S. 759.
[100] Reinecke: Otto Schily. S. 127.

dieser Widrigkeiten lief Schily während des ersten Prozesses 1971 zu Höchstform auf und glänzte als Verteidiger, was aber auch davon unterstützt wurde, dass die Anklageschrift ungenau war und auf vielen Mutmaßungen beruhte.[101] Direkt am ersten Verhandlungstag beantragte er, das Verfahren einzustellen, da ein fairer Prozess aufgrund von Vorverurteilungen durch die Springer-Presse, aber auch durch Bundesinnenminister Genscher, der Mahler als Staatsfeind Nummer 1 bezeichnet hatte, nicht möglich sei und die Unschuldsvermutung anscheinend nicht mehr gelte.[102] Dieses zentrale Argument benutzte Schily auch in jedem der folgenden RAF-Prozesse und baute darauf seine Verteidigung auf. Im Falle des ersten Mahler-Prozesses gelang es ihm mit dieser Strategie tatsächlich einen Freispruch zu erreichen.[103]

Im zweiten Prozess gegen ihn wurde Mahler schließlich zu zwölf Jahren Gefängnis verurteilt.[104] Dieses Urteil ist allerdings bis heute umstritten, da die Beweislage ähnlich vage war wie 1971, nur dass es dieses Mal mit Karl-Heinz Ruhland einen Kronzeugen gab, gegen den allerdings fünf Zeugen unter Eid aussagten, dass er nur gegen Mahler aussage, weil er dann wegen einer Abmachung mit dem Bundeskriminalamt nur zu vier Jahren Haft und nicht wegen versuchten Mordes verurteilt werden würde.[105] Schily und Ströbele gelang es zudem elf Widersprüche in Ruhlands Aussage aufzulisten, die jedoch, genauso wie die fünf Zeugen, die vom Gericht als unglaubwürdig angesehen wurden, ignoriert wurden.[106] Wegen dieses Prozesses und seines Verlaufs waren durchaus Zweifel am Rechtsstaat angebracht. *„Auch wenn wahrscheinlich der Richtige, Horst Mahler, für das Richtige, die Beteiligung an der Baader-Befreiung und einem Bankraub in Berlin, verurteilt wurde – es geschah aus den falschen Gründen. Und auf die kommt es im Rechtsstaat an.“*[107] Diese Verurteilung und die Art und Weise, wie sie zustande kam, zeigte auch eine zweite Auswirkung der öffentlichen Mobilisierung, neben den Drohanrufen gegen Schily. Auch die Fahndungsbehörden und die Justiz standen unter einem enormen Druck. Durch die Darstellung der RAF als gefährliche Staatsfeinde wurde die Angst in der Bevölkerung geschürt. Wenn diese dann jedoch gefasst waren, stellte sich das

[101] Vgl.: Reinecke: Otto Schily. S. 128.
[102] Vgl.: Ebd. S. 127.
[103] Vgl.: Ebd. S. 130.
[104] Vgl.: Ebd. S. 131.
[105] Vgl.: Uwe Wesel: Strafverfahren, Menschenwürde und Rechtsstaatsprinzip. Versuch einer Bilanz der RAF-Prozesse. In: Wolfgang Kraushaar (Hg.): Die RAF und der linke Terrorismus. Band 2. Hamburg 2006. S. 1048-1057. Hier: S. 1050.
[106] Vgl.: Ebd. S. 131.
[107] Ebd. S. 132.

Erreichen einer Verurteilung oftmals schwieriger dar als gedacht, da es an Beweisen fehlte. Ein Kronzeuge, der unglaubwürdig klang, dem möglicherweise Haftersparnis in Aussicht gestellt wurde und aufgrund dessen Aussage trotzdem eine Verurteilung zustande kam, führt zu berechtigten Zweifeln am Rechtstaat. Selbst ein Anwalt, der ein großer Anhänger von rechtsstaatlichen Garantien ist, zu denen Schily zweifellos gehört, kann da ins Grübeln kommen und sich fragen inwieweit es der Staat ernst meint mit der Demokratie.[108]

Schily war aber auch der Rechtsanwalt vieler weiterer RAF-Angehörigen. Von Bedeutung für das Verständnis der Person Otto Schily und seiner Denkweise in den 1970er Jahren ist vor allem der Fall Katharina Hammerschmidt. Viele seiner Aussagen in dieser Zeit, zum Beispiel über die Haftbedingungen der RAF-Gefangenen sind nur in diesem Kontext zu sehen. Hammerschmidt war eine Randfigur der ersten Generation der RAF, die ins Elsass geflohen war, sich aber auf den Rat ihres Anwalts Schily hin den Behörden stellte, da dieser glaubte Haftverschonung für sie erreichen zu können.[109] Dies stellte sich jedoch als Irrtum heraus. Sie musste in Untersuchungshaft und wurde erst nach 17 Monaten todkrank entlassen, da im Gefängnis erst zu spät festgestellt wurde, dass sie an Krebs erkrankt war.[110] Für Schily war dieses Ereignis ein Schock, da seine Mandantin ihm vertraute und nun tot war. Er selbst äußerte sich 1976, ein Jahr nach dem Tod von Hammerschmidt dazu: *„Ich habe mir nur einen Vorwurf zu machen – dass ich meiner Mandantin geraten habe, sich zu stellen. Das würde ich nicht noch mal tun. Ich habe die Gnadenlosigkeit unterschätzt, mit der die Behörden politischen Gefangenen begegnen.“*[111] Daraus zog er auch Konsequenzen und begegnete den Behörden in der Folge misstrauischer als zuvor. Er gab sich die Verantwortung für den Tod Hammerschmidts. Immerhin gelang es ihm in einem Prozess, der Gefängnisleitung eine Mitschuld an ihrem Tod nachzuweisen.[112]

---

[108] Vgl.: Reinecke: Otto Schily. S. 132.
[109] Vgl.: Block/ Schulz: Die Anwälte Ströbele, Mahler, Schily. S. 171.
[110] Vgl.: Ebd. S. 171f.
[111] Reinecke: Otto Schily. S. 154.
[112] Vgl.: Block/ Schulz: Die Anwälte Ströbele, Mahler, Schily. S. 172.

3.1.2 Der Ensslin-Kassiber

Am 7. Juni 1972 wurde Gudrun Ensslin in Hamburg und am 15. Juni 1972 Ulrike Meinhof in Langenhagen bei Hannover verhaftet. Schily übernahm wie schon im Jahr 1968 die Verteidigung Ensslins. Aus diesem Grund besuchte er sie am 12. Juni in der Justizvollzugsanstalt Essen.[113] Er war damit der einzige Besuch, den Ensslin in der Zeit zwischen ihrer Festnahme und der von Meinhof acht Tage später, bekam.[114] Bei Meinhof wurde jedoch bei ihrer Festnahme der so genannte Ensslin-Kassiber gefunden, der Anweisungen enthielt, wie sich Meinhof im Untergrund verhalten solle, der Details zu ihrer eigenen Festnahme beinhaltete und von Ensslin daher auf jeden Fall nach dem 7. Juni 1972 verfasst wurde.[115] Durch diese Vorgänge kam Schily in große Erklärungsnöte. Er war der einzige Besucher, den Ensslin hatte und damit war er zunächst auch der einzige Verdächtige, der als Bote in Frage kam. Schily befürchtete nun, dass er wegen Unterstützung einer terroristischen Vereinigung verhaftet werden würde. Aber selbst wenn er nicht ins Gefängnis müsste, rechnete er damit, dass er zumindest seine Anwaltszulassung und damit seine Arbeit verlieren würde. Deshalb ist es *„einer der wenigen Momente, in denen Schily, der kühle Anwalt, der sich stets an die Fakten hält, panisch ist. Er hat Angst, dass seine Karriere endgültig vorbei ist.“*[116]

Er stritt zwar ab, dass er der Bote des Ensslin-Kassibers gewesen sei, aber zunächst nützte ihm das nichts. Eine Woche nach der Verhaftung Meinhofs wurde Schily von der Verteidigung Ensslins ausgeschlossen, was der Bundesgerichtshof in seinem Urteil vom 25. August 1972 bestätigte, denn die Gesamtheit der *„Umstände begründet gegen Rechtsanwalt Schily den dringenden Verdacht, dass er den Kassiber aus der Anstalt gebracht hat.“*[117] Nun stand Schily unter dem Druck, beweisen zu müssen, dass er unschuldig war und seinen Beruf in angemessener Weise ausgeübt hatte. Um dieses Ziel zu erreichen, ging er direkt nach der Verhaftung Meinhofs selbst in die Offensive und versuchte sich in der öffentlichen Meinung zu rehabilitieren. Entscheidend für dieses Ziel war es, dass Schily ausgezeichnete Kontakte zur Presse besitzt, vor allem zum SPIEGEL, der es ihm jetzt auch ermöglichte, in einem

---

[113] Vgl.: Peters: Tödlicher Irrtum. S. 303.
[114] Vgl.: Ebd.
[115] Vgl.: Ebd. S. 301.
[116] Reinecke: Otto Schily. S. 136.
[117] Bundesgerichtshof: Beschluss des Dritten Strafsenats vom 25. August 1972. 1 BJs 6/71: Ausschluss eines Strafverteidigers bei dringendem Teilnahmeverdacht.

Interview die Vorwürfe gegen ihn richtig zu stellen.[118] In diesem Interview, das am 26. Juni 1972 erschien, präsentierte er sich als sachlich, korrekt, unschuldig und konnte das zentrale Argument des Bundesgerichtshofs gegen ihn entkräften, dass er der Einzige war, der alleine mit Ensslin war.[119] Dies ist eine der größten Stärken der Persönlichkeit Otto Schily. Wenn es kritisch wird, lässt er sich nur sehr schwer aus der Ruhe bringen. Selbst in dieser heiklen Lage war er nur kurze Zeit unsicher, wie er sich zu verhalten hatte und ging schnell wieder zu seiner Verteidigung und zum Gegenangriff über. Die Folgen seines Interviews mit dem SPIEGEL waren unübersehbar. In der Folge geriet nämlich der Bundesgerichtshof unter Druck. Der Verdacht entstand, dass er fahrlässig mit Rechtsvorschriften umging und es Sicherheitslücken in der Justizvollzugsanstalt Essen gab, da Ensslin auch Kontakte zu anderen Gefangenen hatte und Zettel, die von ihr an ihrem Zellenfenster hochgehalten wurden, mit dem Fernglas von außerhalb zu lesen waren.[120] Außerdem konnte Schily beweisen, dass die Justizbeamtinnen, die für die Bewachung Ensslins zuständig waren, nicht immer zu zweit in ihrer Zelle waren, wie es in deren Dienstanweisung hieß und diese Vorschrift teilweise nicht einmal kannten.[121] Es war also durchaus möglich, dass der Ensslin-Kassiber auf anderem Weg die Justizvollzugsanstalt Essen verlassen hatte. Die Begründung des Bundesgerichtshofes, dass nur Schily verdächtig sei, weil es zwischen ihm als Anwalt und seiner Mandantin Ensslin *„gleichgerichtete Interessen gibt, während diejenigen eines Vollzugsbeamten und die des Gefangenen durchaus gegensätzlicher Art sind“*, ist also vorschnell und beinhaltet keine juristische Argumentation, sondern beruht auf Vorurteilen und dem bloßen Verdacht, der gegen Schily gerichtet war.[122] Es ist verständlich, dass dieser Argumentationsstrang zu Kritik am Bundesgerichtshof führte, da dieser nicht auf der Grundlage von Verdächtigungen und Mutmaßungen seine Entscheidungen fällen darf, sondern sich nach den Beweisen richten muss.

Der Beschluss des Bundesgerichtshofes wurde in der Folge dieser Ereignisse am 14. Februar 1973 wieder aufgehoben, aber nicht weil das Gericht glaubte, dass Schily unschuldig sei, sondern weil ein Verteidigerausschluss *„zur Zeit weder durch*

---

[118] Vgl.: Reinecke: Otto Schily. S. 136f.
[119] Vgl.: SPIEGEL-Interview mit Otto Schily. In: DER SPIEGEL vom 26. Juni 1972.
[120] Vgl.: Ohne Verfasser: Baader/Meinhof. Das schockiert. In: DER SPIEGEL vom 28. August 1972.
[121] Vgl.: Ebd.
[122] Reinecke: Otto Schily. S. 139. Vgl. auch: Ohne Verfasser: Kassiber. Wie schlampig. In: DER SPIEGEL vom 31. Juli 1972.

Gesetz noch durch Gewohnheitsrecht gedeckt ist.“[123] Damit hatte sich Schily durchgesetzt und er durfte Ensslin im Stammheim-Prozess verteidigen. Dies war für ihn von großer Bedeutung, da es sich dabei um einen Prozess von großem öffentlichem Interesse handelte. Er erhoffte sich davon, dass ihm seine Teilnahme daran für seine weitere Karriere nützlich sein würde. Eine weitere Konsequenz dieser Vorgänge war aber auch eine Änderung der Strafprozessordnung. Seit dem 1. Januar 1975 ist es möglich, Verteidiger aus einem laufenden Verfahren auszuschließen.[124] Auch hieran ist die Bedeutung des Stammheim-Prozess erkennbar, da die Justiz unter enormem Druck stand, den Prozess mit möglichst wenigen Zwischenfällen abzuschließen. Bis heute ist die Kassiber-Affäre jedoch ungeklärt. Vieles spricht jedoch dafür, dass sie mit Hilfe einer Aussage Schilys aufgeklärt werden hätte können. Er entschloss sich aber dagegen diese Aussage zu tätigen, da eine Aufklärung, zum Beispiel wenn sich eine wahrscheinliche Übergabe des Kassibers von Mitgefangenen Ensslins an RAF-Sympathisanten bestätigt hätte, Ensslin belastet hätte und er dann sein Mandat niederlegen hätte müssen.[125] Schily befand sich also in einer Zwickmühle. Hätte er Beweise dafür vorgelegt, dass er unschuldig ist, belastete er jedoch dadurch gleichzeitig seine Mandantin. Die Folgen davon wären für ihn gewesen, dass er das Mandat niederlegen hätte müssen und damit einen wichtigen Prozess für seine weitere Karriere nicht hätte führen können. Zugleich wäre er in der Öffentlichkeit schlecht dagestanden, weil er seiner Mandantin in den Rücken gefallen wäre. Würde er die Beweise für seine Unschuld nicht vorlegen, bestand die Gefahr, dass er nicht nur als Verteidiger aus dem Stammheim-Prozess ausgeschlossen und seine Anwaltszulassung verlieren würde, sondern sogar, dass er wegen Unterstützung einer terroristischen Vereinigung ins Gefängnis müsste. Trotz dieser Widrigkeiten gelang es Schily, diese Affäre unbeschadet zu überstehen. Dank seiner hervorragenden Qualitäten als Verteidiger, auch in eigener Sache, schaffte er es sogar, sich gegen den Bundesgerichtshof durchzusetzen und gestärkt aus dieser Angelegenheit hervorzugehen. Das Ermittlungsverfahren gegen Schily wegen des Ensslin-Kassibers wurde letztendlich erst 1978 eingestellt.[126]

---

[123] Bundesverfassungsgericht: Beschluss vom 14. Februar 1973. 2 BvR 667/72: Eingriff in die Freiheit der anwaltlichen Berufsausübung durch Entzug der Verteidigungsbefugnis.
[124] Vgl.: Peters: Tödlicher Irrtum. S. 333.
[125] Vgl.: Reinecke: Otto Schily. S. 140.
[126] Vgl.: Ebd. S. 139.

3.1.3 Der Stammheim-Prozess

Kaum ein Strafprozess beschäftigte in der Zeit nach dem Zweiten Weltkrieg die deutsche Öffentlichkeit so sehr wie der Stammheim-Prozess gegen Andreas Baader, Gudrun Ensslin, Ulrike Meinhof und Jan-Carl Raspe. Das Hauptverfahren, das vom 21. Mai 1975 bis zum 28. April 1977 andauerte, war von Verteidiger-Ausschlüssen, Vorverurteilungen, der vorübergehenden Verhandlungsunfähigkeit der Angeklagten, einer Neubesetzung des Vorsitzendenpostens, dem Selbstmord Meinhofs und einer Abhöraffäre geprägt. Schily übernahm in Stammheim, wie auch schon im Kaufhausbrandstifterprozess, die Verteidigung Ensslins. Ein grundsätzliches Problem stellten die Vorverurteilungen der Angeklagten dar, die sogar durch Politiker und Rechtsprofessoren erfolgte.[127] Diese Tatsache stellte zunächst einen großen Nachteil für die RAF-Gefangenen dar. Das Ziel der Verteidigung war es jedoch deshalb den Prozess zum Scheitern zu bringen, weil aus ihrer Sicht ein faires Verfahren nicht mehr möglich sei, da die Unschuldsvermutung für die RAF nicht gelte.[128]
Dieses Vorhaben missglückte und der Prozess wurde fortgesetzt. Die komplette Verteidigungsstrategie beruhte daher darauf, den weltweiten Zusammenhang der Taten der RAF mit einzubeziehen. Schily versuchte dies beispielsweise dadurch, dass er beantragte, den ehemaligen Präsidenten der USA Richard Nixon wegen des Vietnam-Krieges zu vernehmen.[129] Um die Motive der Angeklagten besser zu verstehen, sollte außer Vietnam aber auch die deutsche, nationalsozialistische Vergangenheit und deren Einfluss auf die Generation der RAF-Gefangenen behandelt werden.[130] Die Verteidigung versuchte also aus dem Strafprozess einen politischen Prozess und aus den Strafgefangenen politische Häftlinge zu machen. Gleichzeitig kritisierten die RAF-Verteidiger die Haftbedingungen der Gefangenen scharf. Hauptkritikpunkt war hierbei die Isolation, der die Gefangenen ausgesetzt waren. Zu den Haftbedingungen äußerte sich Schily am 18. November 1974 im SPIEGEL folgendermaßen: *„Sicherheit darf nie durch unmenschliche Behandlung erkauft werden. Langzeitisolation ist unmenschliche Behandlung ... Das Sicherheitsrisiko in manchen politischen Strafverfahren soll nicht bagatellisiert ... werden. Der Preis für*

[127] Vgl.: Block/ Schulz: Die Anwälte Ströbele, Mahler, Schily. S. 206f.
[128] Vgl.: Otto Schily: Antrag zur Einstellung des Verfahrens in Stammheim (überarbeitete Fassung der Gerichtsmitschrift). In: Wolfgang Dressen (Hg.): Politische Prozesse ohne Verteidigung? Berlin 1976. S. 57-85. Hier: S. 58.
[129] Vgl.: Peters: Tödlicher Irrtum. S. 344.
[130] Vgl.: Reinecke: Otto Schily. S. 180f.

die Sicherheit ist aber immer zu hoch, wenn er in der Vernichtung eines Menschen – auch eines gefangenen Menschen – besteht.“[131] Es wird deutlich, dass die Verteidigung dem Staat vorwarf, dass er mit den RAF-Gefangenen anders umgehe als mit anderen Gefangenen, sie im Gefängnis schlimmer behandeln würde und ihnen keinen fairen Prozess ermögliche. Gleichzeitig erkenne er deren Sonderstellung aufgrund der unterschiedlichen Behandlungsweise nicht an, da er sie nicht als politische Gefangene ansehe. Hinzu kam die Vielzahl an Änderungen der Strafprozessordnung extra für den Stammheim-Prozess, auf die an späterer Stelle noch einzugehen sein wird. Schily kritisierte dies schon am 10. Juni 1975, dem dritten Verhandlungstag, und führte aus, warum der Stammheim-Prozess ein politischer Prozess sei: *„Das würde allein die Bundesanwaltschaft in dem Verfahren jeden Tag unter Beweis stellen: ‚Mit jeder Maßnahme, die Sie treffen, und mit jedem Gesetz, daß (sic!) sie eigens für diesen Prozess schaffen. Und wenn sie da immer weiter die Linie zurückdrängen, sind wir ja noch nicht an den Grenzen des Rechtsstaates angelangt. Ich weiß ja gar nicht mehr, in welchem Niemandsland wir da eigentlich landen sollen.'“*[132] Gerade die Sonderbehandlung der RAF-Gefangenen und die Weigerung der Bundesanwaltschaft, diese anzuerkennen, führten dazu, dass der Stammheim-Prozess ein politischer Prozess war. Dieses Verhalten der Ankläger ermöglichte den RAF-Verteidigern, ihre Verteidigungsstrategie darauf aufzubauen. Hierin sah Schily sogar das Grundproblem des Prozesses, da die Verteidigung politisch verteidigen und die staatliche Seite die Angeklagten als gewöhnliche Verbrecher verurteilen wollte.[133]

Es bleibt festzuhalten, dass die Verteidigungsstrategie einen Weg fand, die Öffentlichkeit, durch die Betonung der umstrittenen Haftbedingungen, aufzurütteln. Dadurch wurde die Arbeit der Bundesanwaltschaft deutlich erschwert, da sie nun auch unter Druck von außen stand. Diese Strategie war zu einem großen Teil auf Schily zurückzuführen. Hinzukamen seine außerordentliche Fähigkeiten als Rechtsanwalt. Langjährige Beobachter schildern Schily als einfühlsamen, geistesgegenwärtigen Anwalt mit scharfer Argumentationsweise.[134] Sogar die Bild-Zeitung schrieb über ihn, dass er durch seine außerordentlichen Fähigkeiten als Rechtsanwalt bei den Anklägern gefürchtet sei und damit Horst Mahler bereits überflügelt habe.[135] Dieses Lob ist

---

[131] Otto Schily: Verwesung bei lebendigem Leibe. In: DER SPIEGEL vom 18. November 1974.
[132] Aust: Der Baader-Meinhof-Komplex. S. 349.
[133] Vgl.: Block/ Schulz: Die Anwälte Ströbele, Mahler, Schily. S. 201.
[134] Vgl.: Michels: Otto Schily. S. 56.
[135] Vgl.: Reinecke: Otto Schily. S. 130.

besonders bemerkenswert, da es mit der Bild-Zeitung von einer Zeitung des Springer-Konzerns und damit vom politischen Gegner stammte. Schilys Leistungen wurden also durchaus auch außerhalb der linken Szene respektiert. Sichtbar wird das auch daran, dass im Zuschauerraum des Gerichtssaals häufig Referendare und angehende Staatsanwälte saßen, die den Prozess beobachteten, um von Schily etwas zu lernen.[136] Zu seinen größten Vorteilen gehörte seine Schauspielkunst, die seiner Meinung nach 80% des Verteidigerdaseins ausmacht und die daraus besteht *„das Tempo zu bestimmen, die emotionale Farbe zu wechseln, mal offensiv, mal zurückgenommen, mal aggressiv, mal verständig zu wirken und sich so als zentrale Figur zu inszenieren, als denjenigen, der den Ton bestimmt."*[137] Damit war es ihm möglich, den Prozess in eine von ihm gewünschte Richtung zu lenken. In diesem Zusammenhang kam es Schily sehr zu Gute, dass er in seiner Zeit als Student den Traum hegte, später Schauspieler zu werden. In dieser Zeit konnte er üben und Erfahrungen sammeln, die ihm im Stammheim-Prozess zu Gute kamen. Ein weiterer Vorteil dieser Fähigkeit war die Möglichkeit, schnell den Rhythmus zu wechseln und zuerst als scharfer Angreifer gegenüber der Bundesanwaltschaft oder dem Vorsitzenden Richter Dr. Prinzing aufzutreten und im nächsten Moment wieder in versöhnlichem Ton Rechtsfragen zu besprechen.[138] Zusammenfassend lässt sich Schilys Erfolg durch seine gute Vorbereitung auf den Prozess, seiner präzisen Kenntnis der Strafprozessordnung, seinem rhetorischen Talent und seinem selbstbewussten, oft arroganten Auftreten erklären.[139] Vor allem letzteres ist typisch für Schily. Seine Arroganz wurde häufig in seinem Auftreten gegenüber Dr. Prinzing deutlich. Schily schlug ihm gegenüber den gleichen *„herrischen, herablassenden, schnarrenden Ton an, in dem im Hause des Vorstandsvorsitzenden Franz Schily das Hausmädchen abgekanzelt wurde, wenn es die Treppe nicht richtig geputzt hatte."*[140] Dies macht deutlich, dass diese Arroganz zu Schilys Wesen dazugehört und kein Teil seiner hervorragenden Schauspielkunst ist. Ein zweiter entscheidender Wesenszug ist seine Distanz. Er kann die Geschehnisse daher nüchterner beurteilen als viele seiner Rechtsanwaltskollegen und weiß, wie er sich in jeder Situation verhalten muss. Außerdem ließ er sich dadurch nicht in kriminelle Handlungen wie manch anderer RAF-Verteidiger hineinziehen. Diese Fähigkeiten waren auch der Grund dafür, dass

---

[136] Vgl.: Reinecke: Otto Schily. S. 146.
[137] Ebd. S. 129.
[138] Vgl.: Ebd. S. 177.
[139] Vgl.: Ebd. S. 145.
[140] Ebd. S. 171.

Schily der einzige der RAF-Wahlverteidiger war, dem es gelang, im Stammheim-Prozess von Anfang bis zum Ende dabei zu sein.[141]

Aber auch Schily stand unter einem großen Druck. Es traten immer wieder Schwierigkeiten auf. Dazu gehörten beispielsweise Morddrohungen, die ihm psychisch zusetzten, die physische Anstrengung durch 134 Flüge von Berlin nach Stuttgart während des Stammheim-Prozesses und finanzielle Angelegenheiten, die seine Beteiligung am Stammheim-Prozess nur ermöglichten, da er gleichzeitig einen großen Wirtschaftsprozess führte, der ihn finanziell unabhängig machte.[142] Zusätzlich liefen auch während des Stammheim-Prozesses zahlreiche Ehrengerichtsverfahren und Prozesse gegen Schily.[143] Unter diesen Umständen ist Schilys Leistung in Stammheim umso höher einzuschätzen. Ihm gelang es, diese Vorgänge auszublenden und sich voll und ganz auf die Prozessführung zu konzentrieren. Dies führte sogar soweit, dass er sich unter diesem Druck sogar noch einmal steigern konnte und er im Gerichtssaal zu Höchstform auflief. *„Das Spiel ‚Allein gegen alle' schreckt ihn nicht, es macht ihn noch hartnäckiger, scharfsinniger, entschlossener."*[144] Aber auch er, der immer versuchte, sich korrekt zu verhalten, muss sich zeitweise auf gefährliches Gebiet wagen, um das Beste für seine Mandanten herauszuholen. Aus diesem Grund schweigt Schily zum eigenen Schutz bis heute zu Angelegenheiten des Stammheim-Prozesses und verweist auf die anwaltliche Schweigepflicht.[145]

Deswegen ist es schwierig, Schilys Verhalten während des Stammheim-Prozesses und seine Beweggründe dafür zu analysieren. Vor allem sein Verhältnis zu Ensslin und inwieweit Schily ihre Gedanken in seine Verteidigungsstrategie einbaute, muss größtenteils im Dunkeln bleiben. Es spricht jedoch viel dafür, dass es in ihrem Verhältnis zueinander im Laufe der Zeit eine merkliche Abkühlung gegeben haben muss. Diese Ansicht wird bestätigt, wenn man den Umgang beider miteinander betrachtet und dabei den Kaufhausbrandstifterprozess 1968 mit dem Stammheim-Prozess 1975-77 vergleicht. In der Frage der Verteidigung kam es in beiden Prozessen zu Meinungsverschiedenheiten. Im Kaufhausbrandstifterprozess widersprach Ensslin einem Antrag Schilys und beide klärten diese unterschiedliche Meinung hinterher zusammen, als jedoch in Stammheim dasselbe geschah, passierte nichts

[141] Vgl.: Reinecke: Otto Schily. S. 149.
[142] Vgl.: Ebd. S. 168 und Block/ Schulz: Die Anwälte Ströbele, Mahler, Schily. S. 161.
[143] Vgl.: Reinecke: Otto Schily. S. 198.
[144] Ebd. S. 199.
[145] Vgl.: Ebd. S. 155f.

dergleichen.[146] Sie hatten sich nicht mehr viel zu sagen. Schily übernahm Ensslins Verteidigung vor allem, weil er von ihrem Intellekt und ihrer Persönlichkeit fasziniert war und sie einen ähnlichen Familienhintergrund besaß wie er selbst. Davon war aber nach vielen Jahren im Gefängnis und ihrer Radikalisierung im Untergrund nicht mehr viel übrig geblieben. Hier zeigte sich auch, dass sich Schily deutlich von den Taten der RAF distanzierte. Er war kein Terroristenunterstützer, auch wenn er in weiten Teilen der Bevölkerung so gesehen wurde. Am Ende der 1960er Jahre konnte er sich mit dem Protest gegen den Vietnam-Krieg identifizieren. Dies kam ihm auch bei seiner Argumentation während des Stammheim-Prozesses zugute. Während sich seine Mandantin aber zunehmend radikalisierte und zur Terroristin wurde, ist Schily in seinem Inneren stets bürgerlich geblieben. Zu sehen ist dies auch daran, dass er sich als RAF-Anwalt in Stammheim sogar den Respekt der Gegenseite erarbeitete. Ein deutliches Zeichen hierfür ist, dass ihm 1998 sogar Dr. Wunder, der Führer der Bundesanwaltschaft im Stammheim-Prozess, trotz aller Auseinandersetzungen in Stammheim, zu seiner Ernennung zum Bundesinnenminister gratulierte.[147]
Zu den Gründen dafür zählt mit Sicherheit Schilys klares Bekenntnis zum Rechtsstaat, das in Stammheim deutlich zu erkennen war. Im Gegensatz zu den anderen RAF-Verteidigern stand Schily nicht in dem Verdacht, die staatlichen Verhältnisse umstürzen zu wollen. Stattdessen verteidigte er, *„so sein Selbstverständnis, in Stammheim die Idee des Rechtsstaates gegen dessen praktische Anwendung.“*[148] Grundsätzlich ist er also ein Verfechter des Rechtsstaates, nur dessen Umsetzung, zum Beispiel durch die Haftbedingungen der RAF-Gefangenen, gefiel ihm nicht. Trotzdem glaubt er an die Prinzipien des Rechtsstaates. Für ihn ist das Grundgesetz der Grundkonsens der Gesellschaft, den es zu bewahren gilt und an den sich die alle Beteiligten zu halten haben.[149] Umso entsetzter war er, nachdem die so genannte Abhöraffäre ans Tageslicht kam, da er so einen Vorgang für absolut unmöglich gehalten hatte. Bei dieser Affäre mussten der Baden-Württembergische Innenminister Karl Schiess und der Justizminister Traugott Bender am 17. März 1977 zugeben, dass im 7. Stock der Justizvollzugsanstalt Stuttgart-Stammheim, in dem die RAF-Gefangenen einsaßen, Wanzen installiert worden waren und diese sogar in Zellen gefunden wurden, in denen die RAF-Verteidiger mit ihren Mandanten vertrauliche

[146] Vgl.: Reinecke: Otto Schily. S. 174.
[147] Vgl.: Block/ Schulz: Die Anwälte Ströbele, Mahler, Schily. S. 197.
[148] Reinecke: Otto Schily. S. 195.
[149] Vgl.: Otto Schily: Flora, Fauna und Finanzen. Über die Wechselbeziehung von Natur und Geld. Hamburg 1994. S. 25.

Gespräche führten.[150] Eine solche Abhörung hielt Schily zuvor für völlig unmöglich, da dies gegen alle rechtsstaatlichen Grundsätze verstieß und den Grundkonsens, an den er glaubt, ad absurdum führte. Diese Vorkommnisse veranlassten die RAF-Verteidiger dazu, den Stammheim-Prozess vorzeitig zu verlassen, da sie dies als einzige angemessene Reaktion ansahen.[151] Daher nahm Schily ab dem 17. März 1977 nicht mehr an der Verhandlung teil, legte aber gleichzeitig sein Mandat nicht nieder und begründete dies auf einer Pressekonferenz im Stuttgarter Parkhotel folgendermaßen:

> *„Man kann mir doch nicht zumuten, als Verteidiger eine Verteidigung weiterzuführen, wenn ich jederzeit gewärtig sein muss, dass meine Gespräche mit dem Mandanten abgehört werden und dass in dieses Vertrauensverhältnis zwischen Mandant und Verteidiger in dieser Form eingebrochen wird. Es wäre unverantwortlich, wenn ich daraus nicht die notwendigen Konsequenzen ziehen würde. Wir werden an der Hauptverhandlung nicht weiter mitwirken. Das heißt nicht, dass wir die Verteidigung niederlegen, sondern wir werden in der Hauptverhandlung nicht weiter auftreten und wir werden die Anträge stellen, die Hauptverhandlung auszusetzen und das Verfahren einzustellen."*[152]

In der Folge betrat Schily den Gerichtssaal in Stammheim nie wieder, da er in diesen Vorgängen eine systematische Zerstörung aller vorhandenen rechtsstaatlicher Grundsätze sah.[153] Mit dieser Sichtweise stand Schily aber bei weitem nicht alleine. Auch die Pflichtverteidiger, die von den RAF-Gefangenen nicht als ihre Verteidiger anerkannt wurden und auch meistens eine unterschiedliche Verteidigungsstrategie als die Wahlverteidiger benutzten, waren mehrheitlich Schilys Ansicht. Stellvertretend hierfür steht die Aussage des Pflichtverteidigers Manfred Künzel, der Schilys Auszug aus dem Stammheimer Gerichtssaal aufgrund der Abhöraffäre als sachgerechte und standesgerechte Handlungsweise bezeichnete.[154] Auch sein Schlussplädoyer hielt

---

[150] Vgl.: Aust: Der Baader-Meinhof-Komplex. S. 444f.
[151] Vgl.: Block/ Schulz: Die Anwälte Ströbele, Mahler, Schily. S. 207.
[152] Ebd. S. 206.
[153] Vgl.: Aust: Der Baader-Meinhof-Komplex. S. 446.
[154] Vgl.: Christopher R. Tenfelde: Die Rote Armee Fraktion und die Strafjustiz. Anti-Terror-Gesetze und ihre Umsetzung am Beispiel des Stammheim-Prozesses. Osnabrück 2009. S. 220.

Schily am 27. April 1977 im Stuttgarter Parkhotel. Hier betonte er noch einmal den Charakter des Prozesses als politischen Prozess.

> *„Bei dem Verfahren gegen die Rote Armee Fraktion handelt es sich nicht um ein normales Strafverfahren gegen gewöhnliche Kriminelle, sondern um nichts anderes als ein Instrument innerhalb eines großangelegten Feldzugs psychologischer Kriegsführung, in dem die Gerichtsverhandlung nur ein Gefechtsfeld unter vielen sind. (Sic!) ... Die Mitglieder ... sollen als gewöhnliche Kriminelle, als Menschen auf niederster sittlicher Stufe ohne jeden politischen Anspruch dargestellt werden, der politisch-militärische Charakter der Auseinandersetzung zwischen dem Staatsapparat und der Roten Armee Fraktion soll geleugnet werden."*[155]

Mit dem Abschluss des Stammheim-Prozesses ist Schilys Karriere als RAF-Verteidiger zu Ende. Nach Ensslin verteidigte er nie wieder jemanden aus der RAF. Der Grund dafür ist, dass für ihn eine Steigerung nach Stammheim nicht mehr möglich war, da er in diesem Prozess schon der zentrale Verteidiger war und die weiteren Verfahren gegen RAF-Mitglieder erstens weniger Aufmerksamkeit in der Öffentlichkeit erhalten und zweitens keine Intellektuelle wie Ensslin auf der Anklagebank sitzen würde.[156] Diese beiden Gründe sprechen dafür, dass sich Schily auf etwas anderes konzentrieren musste, um seine Karriere voranzutreiben und zu verhindern, dass diese stagniert. Ihm gelang es zudem, die Schwächen, die der Stammheim-Prozess beinhaltete aufzudecken und seine Fähigkeiten als Verteidiger voll auszuspielen. Auch aus diesem Grund kann ein angesehener Professor wie Uwe Wesel, der von 1969 bis 2001 Professor für Rechtsgeschichte an der Freien Universität Berlin war, zu folgendem vernichtenden Urteil kommen: *„Der Stammheimer Prozess war eine Katastrophe des Rechtsstaats und hatte das Gegenteil dessen zur Folge, was bezweckt war, also nicht eine Endabrechnung mit den Verbrechen der RAF, sondern eine außerordentliche Mobilisierung, eine Verzehnfachung der Mitglieder und Sympathisanten."*[157] Diese Aussage trifft das Hauptproblem des Stammheim-Prozesses ziemlich genau. Den RAF-Angeklagten gelang es, den Prozess für

---

[155] Christopher R. Tenfelde: Die Rote Armee Fraktion und die Strafjustiz. Anti-Terror-Gesetze und ihre Umsetzung am Beispiel des Stammheim-Prozesses. Osnabrück 2009. S. 30.
[156] Vgl.: Reinecke: Otto Schily. S. 197.
[157] Wesel: Strafverfahren, Menschenwürde und Rechtsstaatsprinzip. S. 1057.

ihre Zwecke zu instrumentalisieren und beispielsweise ihre Haftbedingungen in den Mittelpunkt zu rücken, so dass ihre Verbrechen in den Hintergrund gerieten. Somit gelang es ihnen, neue Sympathisanten zu finden, die ihrem Vorbild folgten und später als zweite Generation der RAF in den Untergrund gingen.

3.2 Christian Ströbele

3.2.1 Erste RAF-Prozesse bis zum Ausschluss aus dem Stammheim-Prozess

Bald nach seinem Eintritt in das Sozialistische Anwaltskollektiv übernahm Christian Ströbele die ersten Mandate als Verteidiger von Mitgliedern von terroristischen Vereinigungen. Zusammen mit Klaus Eschen war er 1970 der Anwalt der Mitglieder der Tupamaros West-Berlin, Thomas Weisbecker und Georg von Rauch, die den Journalisten Horst Rieck überfallen hatten.[158] Persönlich betrafen ihn aber besonders die beiden Prozesse gegen Horst Mahler wegen dessen Mitgliedschaft in der RAF. Er war gemeinsam mit Schily Mahlers Verteidiger. Aus Solidarität zu seinem früheren Kollegen im Sozialistischen Anwaltskollektiv trug Ströbele sogar dessen Robe während des Prozesses.[159] Hier ist eine große Solidarisierung mit dem Angeklagten erkennbar. Er vertrat aber noch zahlreiche weitere RAF-Mitglieder während der 1970er Jahre. Dazu gehörte beispielsweise auch Gerhard Müller, der zusammen mit Ulrike Meinhof am 15. Juni 1972 verhaftet und ab diesem Zeitpunkt von Ströbele verteidigt wurde.[160] Auch Holger Meins zählte schon seit 1970 zu seinen Mandanten.[161] Dieses Mandat hinterließ einen besonderen Eindruck bei ihm, da er diesen wenige Tage vor seinem Tod besuchte und dabei zum Beispiel sein Ohr an den Mund von Meins legen musste, um ihn zu verstehen, da dieser so sehr vom Hungerstreik geschwächt war.[162] Besonders belastete Ströbele, dass es ihm nicht gelang, das Leben von Meins zu retten und daran die Anstaltsleitung und der zuständige Arzt eine Mitschuld trugen, da sich erstere weigerte, Meins nach Stammheim verlegen zu lassen, wo die ärztliche Versorgung besser gewesen wäre und letzterer am Todeswochenende von Meins einfach in den Urlaub fuhr.[163] Durch diese Vorgänge ver-

---

[158] Vgl.: König: Zwei Ikonen des bewaffneten Kampfes. S. 454.
[159] Vgl.: Block/ Schulz: Die Anwälte Ströbele, Mahler, Schily. S. 144.
[160] Vgl.: Aust: Der Baader-Meinhof-Komplex. S. 402.
[161] Vgl.: Peters: Tödlicher Irrtum. S. 236.
[162] Vgl.: Block/ Schulz: Die Anwälte Ströbele, Mahler, Schily. S. 189.
[163] Vgl.: Ebd.

stärkte sich die Solidarisierung Ströbeles mit den Gefangenen aus der RAF weiter. Ihn nahm es mit, dass er nicht in der Lage war, das Leben seines Mandanten zu schützen. Seither sieht er die Haftbedingungen in deutschen Gefängnissen kritisch und versucht sie zu verbessern. Eine wichtige Rolle spielte auch, dass Ströbele die meisten seiner Mandanten schon lange kannte. Viele Gründungsmitglieder der RAF gehörten in den späten 1960er Jahren zu den Mitdemonstranten während der Zeit der Außerparlamentarischen Opposition.[164]

Dazu gehörte auch Andreas Baader. Dessen Anwalt ist Ströbele nach seiner Verhaftung am 1. Juni 1972 in Frankfurt am Main. Die Übernahme der Verteidigung von Baader und zahlreichen weiteren Angehörigen der RAF begründete Ströbele später so: *„Wir haben in den Straßen Berlins gemeinsam gegen den Vietnamkrieg protestiert, gegen die Altnazis, gegen Polizeiübergriffe und vieles mehr. Es gab ein gemeinsames Engagement über lange Zeit. So war es für mich auch selbstverständlich, nach ihrer Festnahme die Verteidigung zu übernehmen. Das heißt nicht, dass ich den bewaffneten Kampf für richtig hielt oder unterstützt habe.“*[165] Mit diesem Statement ist Ströbeles Sichtweise während der 1970er Jahre gut wiedergegeben. In den späten 1960er Jahren standen sich viele spätere RAF-Mitglieder und Ströbele gedanklich sehr nahe. Jedoch waren die Schlüsse, die sie aus den Vorkommnissen zogen, unterschiedlich. Für Ströbele gehörten die Gefangenen aus der RAF nach wie vor zur linken Szene, auch wenn er ihre Mittel zur Erreichung ihrer Ziele nicht gut hieß. Einerseits wurde er daher von Seiten der RAF unter Druck gesetzt, sich mit mehr Engagement für sie einzusetzen. Andererseits musste er aufpassen, dass er nicht als Mitglied der RAF angesehen wurde. Er befand sich also in einer Zwickmühle.

Sein Verhältnis zu den Gefangenen aus der RAF wurde Ende 1972, mit Beendigung des ersten Hungerstreiks, erstmals getrübt. Ströbele gelang es zwar mit dem Bundesanwalt Dr. Wunder einen Deal zu machen, der besagte, dass es Hafterleichterungen geben sollte, wenn die Gefangenen den Hungerstreik abbrechen würden.[166] Da diese Zusicherungen jedoch nicht eingehalten wurden, sank Ströbeles Ansehen bei seinen Mandanten merklich und *„von da an galt sein Wort bei den Gefangenen nicht mehr viel.“*[167] Kritisiert wurde er auch für seine aus der Sicht der RAF-

[164] Vgl.: Block/ Schulz: Die Anwälte Ströbele, Mahler, Schily. S. 157.
[165] Ebd. S. 174.
[166] Vgl.: Aust: Der Baader-Meinhof-Komplex. S. 281f.
[167] Ebd. S. 282.

Gefangenen zu liberalen und sozialdemokratischen Standpunkte.[168] Auch dies zeigt die Gratwanderung, auf die sich Ströbele begab. Aus der Sicht der RAF war er Sozialdemokrat. Tatsächlich trat er auch 1970 in die SPD ein, er wurde jedoch 1975 wieder ausgeschlossen und zwar gerade aufgrund seiner Nähe zur RAF, da er zum Beispiel Baader als Genossen bezeichnet hatte.[169] Dies wurde als schwere Schädigung der Partei aufgefasst und führte daher zu seinem Parteiausschluss.[170]
Jede Seite sah ihn also als Verräter, der eigentlich zur anderen Seite gehört. Für die RAF vertrat er zu rechte Standpunkte und für die breite Öffentlichkeit ist er der Terroristenanwalt, der eigentlich selber neben die RAF-Angehörigen auf der Anklagebank sitzen sollte. Dabei wird aber übersehen, dass sich Ströbele durchaus klar von der RAF abgrenzte und sich auch weigerte, Aktionen im Auftrag der RAF auszuführen. Er forderte sie stattdessen dazu auf, sich *„mal grundsätzliche Gedanken zur Funktion der Anwälte"* zu machen.[171] *„Aber bitte realistische. Die Anwälte als Speerspitze der Revolution oder der RAF oder der verlängerte Arm der RAF-Genossen, die inhaftiert sind? Wohl kaum! Oder dann eben keine juristische Hilfe mehr!"*[172] Ströbele war also nicht bereit, sich für die RAF instrumentalisieren zu lassen. Er blieb der RAF-Anwalt, dessen Ziel es war, zu gewährleisten, dass die RAF-Mitglieder einen fairen Prozess bekamen und der auch bereit war, dafür mit viel Einsatz zu kämpfen. Hinsichtlich der Art und Weise der Prozessführung stimmte er jedoch in einem wichtigen Punkt mit den RAF-Gefangenen überein. Genau wie sie sah er seine Aufgabe darin, die politischen Aspekte des Prozesses herauszustellen. Daher ist auch noch 10 Jahre später sein Hauptkritikpunkt am Stammheim-Prozess, dass die Gerichte keine politische Prozessführung zuließen und dadurch die Identität der Angeklagten verleugneten, da man deren Ziele für falsch halten könne, aber eine Auseinandersetzung damit notwendig, diese aber nicht erfolgt sei.[173] Aber nicht nur die Prozessvorbereitung und den Prozess selbst zählte Ströbele zu seinen Aufgaben. Für ihn war neben der Prozessführung die *„wichtigste Aufgabe des Verteidigers, die Haftsituation der Gefangenen zu verbessern."*[174] Ströbele sah dies auch als gerechtfertigt und als seine Pflicht an, die durch Gesetz, Standesrecht und Mandats-

[168] Vgl.: Aust: Der Baader-Meinhof-Komplex. S. 404.
[169] Vgl.: Block/ Schulz: Die Anwälte Ströbele, Mahler, Schily. S. 155f.
[170] Vgl.: http://www.spiegel.de/spiegel/print/d-13493742.html (letzter Zugriff: 13.12.2010).
[171] Aust: Der Baader-Meinhof-Komplex. S. 282.
[172] Ebd.
[173] Vgl.: 3 nach 9: Aust, Ströbele u. a.
[174] Christian Ströbele: Verteidiger im Verfahren gegen die RAF. Zu den Vorwürfen, zur Praxis und zum Selbstverständnis. In: Wolfgang Dressen (Hg.): Politische Prozesse ohne Verteidigung? Berlin 1976. S. 41-54. Hier: S. 49.

verhältnis gedeckt sei.[175] Dadurch befand sich Ströbele aber erneut in einem Zwiespalt. Er verstand den Hintergrund des Hungerstreiks, da damit eine Verbesserung der Haftbedingungen erreicht werden sollte. Aus Sicht des Staates stärkte er damit aber die kriminelle Vereinigung RAF. Es war folglich immer ein schmaler Grat zwischen angemessener Verteidigung und einer Anklage wegen Unterstützung einer kriminellen Vereinigung. Diese Situation bekam Ströbele auch zu spüren. Die Wut des Staates, der Öffentlichkeit und der Medien richtete sich nicht nur gegen Mitglieder der RAF, sondern auch gegen deren Anwälte.[176] Die Konsequenzen daraus waren sehr unangenehm für die Anwälte. Auf der einen Seite bestanden sie aus persönlichen Folgen. Zum Beispiel erhielt Ströbele Drohanrufe und sogar Todesdrohungen, als er die Haftbedingungen öffentlich machte und diese als Isolationshaft bezeichnete.[177] Auf der anderen Seite entstanden Konsequenzen im beruflichen Umfeld. Beispielsweise arbeitete im Sozialistischen Anwaltskollektiv lange Zeit eine Mitarbeiterin des Berliner Landesamts für Verfassungsschutz als Sekretärin, um Informationen zu sammeln.[178] Das Misstrauen Ströbeles in die staatlichen Institutionen wurde dadurch noch gesteigert. Seine Vorwürfe beinhalteten, dass Verteidigerpost geöffnet werde, es zu Razzien in Anwaltsbüros komme und die Sitzordnung in Prozessen kein unkontrolliertes Wort zwischen Angeklagten und Verteidiger zulasse.[179]

Ströbele saß also zwischen allen Stühlen und versuchte, mit beiden Seiten Kompromisse zu schließen um seine Verteidigertätigkeit weiter ausüben zu können. Seit Beginn des Jahres 1975 war es nämlich deutlich leichter geworden Rechtsanwälte als Verteidiger aus einem Verfahren auszuschließen. Grund dafür waren Gesetzesänderungen, die extra für den Stammheim-Prozess im Eiltempo durch den Bundestag gebracht wurden. Diese neuen Regelungen wurden schließlich auf Ströbele angewendet. Kurz vor Beginn der Hauptverhandlung wurde er vom Prozess ausgeschlossen, was dazu führte, dass Baader keinen Verteidiger seiner Wahl mehr hatte.[180] Die Begründung für seinen Ausschluss war, dass er *„wegen des Verdachts der Tatbeteiligung ausgeschlossen werden müsse. Deshalb sei nicht gesichert, dass*

---

[175] Vgl.: Ströbele: Verteidiger im Verfahren gegen die RAF. S. 49.
[176] Vgl.: Block/ Schulz: Die Anwälte Ströbele, Mahler, Schily. S. 176.
[177] Vgl.: Ebd. S. 178f.
[178] Vgl.: Ebd. S. 194.
[179] Vgl.: Ströbele: Verteidiger im Verfahren gegen die RAF. S. 43.
[180] Vgl.: Aust: Der Baader-Meinhof-Komplex. S. 338.

er den Stammheim-Prozess zeitlich vollständig durchführen könne.“[181] Ein weiterer Grund war, dass er die Sprache der Angeklagten übernommen habe, beispielsweise dadurch, dass er sie als liebe Genossen ansprach.[182] Die Entscheidung, Ströbele vom Stammheim-Prozess auszuschließen hatte weitreichende Konsequenzen. Baader musste sich nun einen neuen Verteidiger suchen, der mit den Prozessakten aber nicht so vertraut sein konnte, wie es Ströbele war. Durch dessen Ausschluss wurde *„fast die gesamte, über Jahre aufgebaute Verteidigung und Verteidigungsstrategie der Angeklagten ausgeschaltet.“*[183]

3.2.2 Das Info-System und die Verurteilung wegen Unterstützung einer kriminellen Vereinigung

Wenn die Rolle der RAF-Anwälte näher beleuchtet werden soll, spielt dabei die Untersuchung des so genannten Info-Systems eine zentrale Rolle. Hier entsteht der wichtige Streitpunkt, wie weit Verteidiger für ihre Mandanten gehen dürfen und wann die Illegalität anfängt. Für die RAF war das Info-System elementar wichtig, da sein Hauptzweck darin bestand, dass die Gefangenen untereinander Kontakt halten konnten. Es diente weiterhin der Prozessvorbereitung und auch der Koordination von Aktivitäten und damit dem Auftreten gegenüber Außenstehenden.[184] Aus Sicht der Gefangenen konnte die RAF als Organisation im Gefängnis nur überleben, wenn die Kommunikation untereinander gewährleistet war.[185] Dies stellte sich schwierig dar, da der Staat versuchte, die RAF zu zerschlagen und die Kommunikation zwischen den Gefangenen zu unterbinden. Die Mittel dafür waren, die Gefangenen auf verschiedene Gefängnisse in ganz Deutschland zu verteilen und die Post, die die Gefangenen empfangen konnten, zu kontrollieren. Briefe waren jedoch die einzige Möglichkeit, in Kontakt zu bleiben und Meinungen auszutauschen, was sich deshalb als äußerst kompliziert darstellte. Von der Postkontrolle ausgenommen war nur die Verteidigerpost, wodurch die entscheidende Rolle der Anwälte für das Funktionieren

---

[181] Tenfelde: Die Rote Armee Fraktion und die Strafjustiz. S. 156.
[182] Vgl.: Tenfelde: Die Rote Armee Fraktion und die Strafjustiz. S. 205.
[183] Block/ Schulz: Die Anwälte Ströbele, Mahler, Schily. S. 194.
[184] Vgl.: Gerd Koenen: Das rote Jahrzehnt. Unsere kleine deutsche Kulturrevolution 1967-1977. 4. Auflage. Köln 2007. S. 404.
[185] Vgl.: Olaf Gätje: Das ››info‹‹-System der RAF von 1973 bis 1977 in sprachwissenschaftlicher Perspektive. In: Wolfgang Kraushaar (Hg.): Die RAF und der linke Terrorismus. Band 1. Hamburg 2006. S. 714-733. Hier: S. 715.

des Info-Systems erklärbar wird.[186] Nur mit ihrer Hilfe gelang es den RAF-Gefangenen, das Info-System aufzubauen, wobei Ströbele als Verteidiger Baaders eine zentrale Stellung innehatte und beispielsweise in einem Rundschreiben seinen Rechtsanwaltskollegen den Aufbau des Info-Systems erst mitteilte.[187] Er gehörte also zu den Mitinitiatoren des gesamten Systems. Dieses bestand von Frühjahr 1973 bis zum Herbst 1977.[188] Die Zentrale des Info-Systems befand sich jedoch nicht in der Kanzlei Ströbeles, sondern zunächst in der Kanzlei von Kurt Groenewold in Hamburg und ab Anfang des Jahres 1976 in der Kanzlei von Klaus Croissant in Stuttgart.[189] Ströbele unterstützte also das Info-System, baute es aus und versuchte es am Leben zu halten. Gleichzeitig begründete und verteidigte er diese Tätigkeit auch nach außen. *„Die Verteidiger sind nicht der verlängerte Arm der RAF außerhalb der Haftanstalten, sondern ihre Aufgabe ist es, die Verweigerung der Menschenrechte und Minimalrechte aus den Regeln der Strafpozeßordnung für diese Gefangenen öffentlich bekanntzumachen und zu brandmarken."*[190] Ströbele sah das Info-System folglich als Hilfsmittel, um auf die Zustände und die ungerechte Behandlung der RAF-Gefangenen aufmerksam zu machen. Da dies nur bedingt gelang, versuchte er die Kontakte unter den Gefangenen zu erhalten, um diesen dadurch zumindest den Erhalt eines Teils der verweigerten Menschenrechte zu ermöglichen. Durch das Info-System sollte also zum einen die Situation der Häftlinge verbessert werden und zum anderen deren Verteidigung erleichtert werden. Ströbele übersah hierbei jedoch, dass dieses System von den RAF-Gefangenen für ihre Zwecke ausgenutzt werden konnte und er selbst damit in Konflikt mit der Justiz geriet.

Die Konsequenz davon war, dass er sich einem Strafprozess wegen Unterstützung einer kriminellen Vereinigung gegenübersah. Der Prozess vor dem Berliner Landgericht endete 1981 damit, dass Ströbele zu 18 Monaten Gefängnis zur Bewährung verurteilt wurde, wobei dieses Urteil 1982 vom Bundesgerichtshof aufgehoben und anschließend auf zehn Monate verkürzt wurde.[191] Durch den Aufbau des Info-System leistete Ströbele aus Sicht der Richter einen entscheidenden Beitrag zum Weiterbestehen der RAF, denn *„ohne die Hilfe einiger weniger Rechtsanwälte, darunter des Angeklagten, wäre die Konsolidierung und das Fortbestehen der RAF in der Haft*

[186] Vgl.: Gätje: Das ››info‹‹-System der RAF. S. 719.
[187] Vgl.: Koenen: Das rote Jahrzehnt. S. 404.
[188] Vgl.: Gätje: Das ››info‹‹-System der RAF. S. 714f.
[189] Vgl.: Ebd. S. 720f.
[190] Ströbele: Verteidiger im Verfahren gegen die RAF. S. 52.
[191] Vgl.: Block/ Schulz: Die Anwälte Ströbele, Mahler, Schily. S. 215.

nicht möglich gewesen."[192] Ströbele selbst meint dazu, dass das Info-System einen anderen Zweck hatte. Es sei nur ein Hilfsinstrument für die Verteidigung gewesen.[193] Er habe nicht erkannt, dass die RAF das Info-System auch zur Schulung, Disziplinierung und Bestrafung einsetzte und im Nachhinein sei der Inhalt einiger Dokumente, den er damals aber nicht gekannt habe, problematisch.[194] Hier stellt sich natürlich die Frage, inwieweit dies für Ströbele damals erkennbar gewesen sein muss. Aus heutiger Sicht scheint es offensichtlich, dass die Möglichkeit für die RAF-Gefangenen, untereinander über unzensierte Briefe Kontakt zu halten, eine ideale Gelegenheit war, die Organisation RAF am Leben zu halten. Vermutlich nahm Ströbele dies in Kauf, um seine Verteidigungsstrategie aufzubauen. Einen Anhaltspunkt dafür, inwieweit er tatsächlich darüber informiert war, welche Bedeutung das Info-System für die RAF hatte, liefert jedoch ein Rundschreiben Ströbeles an die RAF-Gefangenen vom Juli 1973. Hierin schilderte er den Plan, das Info-System aufzubauen und bezeichnete die *„Erstellung von Analysen und konkrete Gruppenschulung"* als dessen Hauptziele.[195] In der Rückschau versucht Ströbele also häufig seine Bedeutung für das Info-System und dessen Einfluss auf die Kommunikation und die Erhaltung der Organisation RAF kleiner zu machen, als er tatsächlich war. Zugute halten muss man ihm aber, dass er ehrlich empört über die Haftbedingungen war, denen die RAF-Gefangenen ausgesetzt waren und dies überlagerte viele seiner vorhandenen Bedenken. Deshalb sah Ströbele das Info-System als außergewöhnliche, aber zulässige Verteidigertätigkeit an.[196]

Die Verurteilung Ströbeles wegen Unterstützung einer kriminellen Vereinigung war jedoch auch sehr umstritten. Eine Verurteilung war nur möglich, wenn durch das Info-System konkrete, neue Straftaten begangen wurden oder der Nachweis möglich war, dass dadurch der Kontakt zu den RAF-Mitgliedern im Untergrund aufrechterhalten worden war und mit Hilfe des Info-Systems neue Straftaten draußen geplant und durchgeführt wurden.[197] Dieser Nachweis war aber äußerst schwierig. So ist es auch möglich, dass sich Ströbele in der Öffentlichkeit erfolgreich verteidigen konnte. In der

---

[192] http://www.focus.de/politik/deutschland/80er-jahre-gericht-sah-stroebele-als-raf-aufbauhelfer-an_aid_417881.html (letzter Zugriff: 01.12.2010).

[193] Vgl.: Ebd.

[194] Vgl.: http://www.focus.de/politik/deutschland/80er-jahre-gericht-sah-stroebele-als-raf-aufbauhelfer-an_aid_417881.html (letzter Zugriff: 01.12.2010).

[195] Rundbrief des Rechtsanwalts Ströbele, gefunden im Juli 1973 in den Zellen der Häftlinge, Ensslin, Meins, Möller, Meinhof und Braun. In: Bundesministerium des Innern (Hg.): Dokumentation über Aktivitäten anarchistischer Gewalttäter in der Bundesrepublik Deutschland. S. 29-33. Hier: S. 31.

[196] Vgl.: Block/ Schulz: Die Anwälte Ströbele, Mahler, Schily. S. 215.

[197] Vgl.: Tenfelde: Die Rote Armee Fraktion und die Strafjustiz. S. 211.

Rückschau sieht er seine Tätigkeiten als legitime Anstrengungen für seine Mandanten und er versucht, die Verurteilung als Kompliment für seine Fähigkeiten als Verteidiger darzustellen. Aus seiner Sicht erfolgte die Verurteilung, weil er sich *„zu stark für seine Mandanten eingesetzt"* habe.[198] Ein größeres Lob könne man einem Verteidiger nicht machen.[199] Hier wird deutlich, dass er in der Rückschau seine Verurteilung glorifiziert. Er habe richtig gehandelt im Kampf gegen einen Staat, der seinen Mandanten die ihnen zustehenden Rechte verweigerte.
Aus seinem Blickwinkel ist diese Sichtweise auch nachvollziehbar. Der Staat versuchte tatsächlich die Rechte der RAF-Gefangenen einzuschränken. Das Ziel davon war jedoch die Zerschlagung der Organisation RAF und die Verhütung neuer Straftaten und nicht die Verweigerung von Menschenrechten. Für Ströbele sah es jedoch genau danach aus. Ermöglicht wurde das Info-System erst dadurch, dass bis 1974 jeder Verteidiger beliebig viele Beschuldigte eines Verfahrens verteidigen und jeder Beschuldigte beliebig viele Verteidiger beauftragen durfte und Ströbele so durch die Bundesrepublik reisen konnte und das Info an die weit verstreut einsitzenden Gefangenen verteilte.[200] Auch als Antwort auf das Info-System wurde durch den deutschen Bundestag das Gesetz geändert. Ab 1975 war die Zahl der Verteidiger pro Beschuldigtem auf drei und die Zahl der Mandanten pro Verfahren auf einen begrenzt.[201] Genau dieses Verhalten des Staates ließ Ströbele beispielsweise aber glauben, dass die Gefahr bestand, dass seine Mandanten keinen fairen Prozess erhalten würden. Deshalb war das Info-System von zentraler Bedeutung in seiner Verteidigungsstrategie und er nahm es daher in Kauf, dass dieses von den RAF-Gefangenen für ihre Zwecke missbraucht wurde. Dazu gehörte zum Beispiel, dass die RAF-Gefangenen sich über das Info-System absprachen, dass sie nicht an den Strafprozessen gegen sie teilnehmen und weder mit Polizisten noch Journalisten reden wollten.[202] Dieses gemeinsame und gleiche Verhalten konnte nur durch das Info-System koordiniert werden, verhinderte dadurch eine reibungslose Durchführung der Gerichtsverfahren und wurde daher von Seiten des Staates als Unterstützung einer kriminellen Vereinigung angesehen. Dass Ströbeles Strategie eine Gratwanderung darstellte, ist auch daran erkennbar, dass er sich während seiner Zeit als RAF-Verteidiger 30 Ehrenge-

---

198 http://www.spiegel.de/spiegel/print/d-13493742.html (letzter Zugriff: 13.12.2010).
199 Vgl.: Ebd.
200 Vgl.: Eschen: Das Sozialistische Anwaltskollektiv. S. 970.
201 Vgl.: Ebd.
202 Vgl.: Rundbrief des Rechtsanwalts Groenewold, gefunden im Juli 1973 in der Zelle des Häftlings Baader. In: Bundesministerium des Innern (Hg.): Dokumentation über Aktivitäten anarchistischer Gewalttäter in der Bundesrepublik Deutschland. S. 55-59. Hier: S. 57.

richtsprozessen gegenübersah, wovon allerdings nur zwei abgeschlossen wurden und mit einer Verwarnung endeten.[203] Dadurch wird auch deutlich, dass Ströbele während dieser Zeit als RAF-Verteidiger großem psychischem Druck ausgesetzt war. Auch so ist erklärbar, warum Ströbele nach seinem Ausschluss aus dem Stammheim-Prozess nur noch wenige Mandate von RAF-Mitgliedern übernahm. Außerdem kannte er viele spätere RAF-Gefangene nicht mehr persönlich oder nur vom Sehen und hatte weder persönlich noch politisch viel mit ihnen zu tun.[204] Ein weiterer Grund war aber auch, dass er in der Folgezeit neue politische Betätigungsfelder in Berlin fand.[205]

3.3 Unterschiede und Gemeinsamkeiten

Otto Schily und Christian Ströbele betätigten sich beide in den 1970er Jahren als RAF-Anwälte. In dieser Funktion kamen sie zu einer gewissen Bekanntheit in der öffentlichen Meinung der Bundesrepublik Deutschland. In der Bevölkerung wurden sie jedoch überwiegend negativ wahrgenommen. Die Konsequenz davon war, dass sie *„einiges an beruflichen Nachteilen und öffentlichem Meinungsdruck in Kauf"* nehmen mussten.[206] Dazu gehörte beispielsweise, dass ihnen im Falle der Übernahme des Mandats von Angehörigen der RAF Ehrengerichtsprozesse drohten. Verbunden damit war die Gefahr, dass sie ihren Beruf nicht mehr ausüben konnten, wenn sie sich während der RAF-Prozesse etwas zuschulden kommen lassen würden. Da die Verteidigung von RAF-Mitgliedern in dieser Hinsicht immer eine Gratwanderung darstellte, war dies eine ständige Bedrohung. Aber ihre Tätigkeit als RAF-Verteidiger hatte nicht nur für Schily und Ströbele berufliche Nachteile. Auch ihr Umfeld bekam dies zu spüren. Zum Beispiel wurde die Ehefrau von Ströbele aus dem öffentlichen Dienst Berlins entlassen, *„unter anderem mit der Begründung, ihr Mann verteidige anarchistische Gewalttäter."*[207]
Erschwert wurde ihre Tätigkeit außerdem durch Äußerungen von Personen des öffentlichen Lebens in den Medien. Dazu gehörten zum einen die Vorverurteilungen der RAF-Mitglieder in der Presse durch einflussreiche Politiker. Zum anderen gehörte

[203] Vgl.: Tenfelde: Die Rote Armee Fraktion und die Strafjustiz. S. 185.
[204] Vgl.: Block/ Schulz: Die Anwälte Ströbele, Mahler, Schily. S. 214.
[205] Vgl.: Ebd. S. 215.
[206] Koenen: Das rote Jahrzehnt. S. 402.
[207] Werner Holtfort: Bilanz des Stammheimer Prozesses. In: Vorgänge. Zeitschrift für Bürgerrechte und Gesellschaftspolitik. 16. Jahrgang, Dez. 1977, Heft 4. Weinheim/ Basel 1977. S. 4-14. Hier: S. 11.

dazu auch, dass jeder, der öffentlich auf die Unschuldsvermutung bestand, als Terroristensympathisant verunglimpft wurde.[208] Aber auch Aussagen, die direkt auf die RAF-Verteidiger bezogen waren, erhöhten den öffentlichen Druck. Zum Beispiel behauptete der spätere Generalbundesanwalt Siegfried Buback 1972, dass sich jeder Anwalt, der RAF-Mitglieder verteidige, standeswidrig verhalte.[209] Die Folge dieser öffentlichen Meinung war, dass sich die Rechtsanwälte sofort und eindeutig noch im Gerichtssaal von politischen Erklärungen der Angeklagten distanzieren mussten, da ihnen sonst ein ehrengerichtliches Ermittlungsverfahren drohte.[210] Dadurch wurde die Verteidigung deutlich erschwert. Die RAF-Verteidiger mussten genau darauf achten, wie sie sich während der Prozesse verhielten und welche Aussagen sie trafen, um nicht in den Verdacht der Unterstützung einer kriminellen Vereinigung zu geraten. Die Folgen davon wären der Ausschluss aus dem laufenden Prozess und eventuell sogar ein Berufsverbot gewesen. Weiterhin durften sie sich laut einem Urteil des Bundesgerichtshofes nicht als sozialistischer Anwalt oder politischer Verteidiger bezeichnen, denn dies sprach *„deutlich für eine Solidarisierung nicht nur im Denken, sondern auch im Handeln und dafür, daß der Anwalt sich in voller Kenntnis der Tätigkeit und der wahren Ziele in die kriminelle Vereinigung als Mitglied eingefügt hat.“*[211]

Aber nicht nur der öffentliche Druck auf die RAF-Verteidiger war enorm. Auch von Seiten ihrer Mandanten war dieser vorhanden. Die RAF-Gefangenen versuchten, die Anwälte für ihre Zwecke einzuspannen und drohten daher mit dem Entzug des Mandats, wenn sie beispielsweise die Verteidigungsstrategie nicht genügend politisch ausrichteten, wie von den Gefangenen gefordert.[212] Diese Taktik konnte seitens der RAF nur erfolgreich angewendet werden, weil die RAF-Verteidiger sich durch diese Prozesse ein berufliches Weiterkommen erhofften, da sie sich dadurch als linke Anwälte profilieren konnten. Zusätzlich wurden sie in weiten Teilen der Öffentlichkeit stark kritisiert und so an die Seite der RAF-Gefangenen gedrängt. Die Verteidiger waren oft der Kritik der RAF ausgesetzt, dass sie sich zu wenig für ihre Belange einsetzen würden. Es stellt sich daher die Frage, warum sich die RAF-Verteidiger dies alles gefallen ließen. Die Antwort darauf ist, dass sie entweder zu

[208] Vgl.: Holtfort: Bilanz des Stammheimer Prozesses. S. 6.
[209] Vgl.: Stefan Reinecke: Die linken Anwälte. Eine Typologie. In: Wolfgang Kraushaar (Hg.): Die RAF und der linke Terrorismus. Band 2. Hamburg 2006. S. 948-956. Hier: S. 953.
[210] Vgl.: Ströbele: Verteidiger im Verfahren gegen die RAF. S. 42.
[211] Bundesgerichtshof: Beschluss vom 20. Januar 1975. AnwZ (B) 6/74: Versagung der Zulassung zur Rechtsanwaltschaft bei Beratungsvertrag mit Rechtsberatungsunternehmen.
[212] Vgl.: Koenen: Das rote Jahrzehnt. S. 402.

den Sympathisanten der RAF gehörten oder sie eigene politische Ziele verfolgten.[213] Im letzteren Fall hofften sie, dass die harte Zeit als RAF-Verteidiger ihnen im weiteren Verlauf ihrer Karriere noch einmal einen Vorteil verschaffen würde. Trotz dieses Druckes seitens der RAF-Gefangenen saßen die RAF-Verteidiger am längeren Hebel. Die Gefangenen waren auf sie angewiesen, da ihnen eine Schlüsselfunktion als Informationsverteiler zukam.[214] Dazu gehörte vor allem das Info-System, das ohne die Hilfe der Rechtsanwälte nicht hätte funktionieren können.

Die Bundesregierung wollte die Anwälte daran hindern, die RAF bei der Erhaltung ihrer Organisationsstrukturen zu unterstützen und eine erfolgreiche Durchführung des Stammheim-Prozesses gewährleisten. Extra für den Stammheim-Prozess wurden daher verschiedene Gesetzesänderungen vom deutschen Bundestag Ende des Jahres 1974 im Schnelldurchgang verabschiedet. Entscheidende Gesetzesänderung war das *„Gesetz zur Ergänzung des Ersten Gesetzes zur Reform des Strafverfahrensrechts vom 20.12.1974"*, welches am 1. Januar 1975 in Kraft trat und besagte, dass höchstens drei Verteidiger pro Angeklagtem erlaubt waren, kein Verteidiger mehrere Angeklagte gleichzeitig verteidigen durfte und der Ausschluss von Verteidigern aus dem Prozess leichter möglich wurde.[215] Gerade der leichtere Ausschluss von Verteidigern hatte großen Einfluss auf den Stammheim-Prozess, da auf dieser Grundlage gut eingearbeitete Rechtsanwälte, wie Ströbele, kurz vor Beginn des Prozesses ausgeschlossen wurden. Sein Ausschluss beruhte darauf, dass er seine Mandanten als Genossen bezeichnete, sich Sozialist nannte und seine Arbeit als politische Verteidigung ansah.[216] Außerdem wurde ihm der Transport von Kassibern der RAF-Gefangenen unterstellt.[217] Hierbei reichte der bloße Verdacht aus, um Ströbele auszuschließen.

Eine zweite bedeutende Gesetzesänderung war, dass eine Verfahrensfortsetzung in Abwesenheit der Angeklagten möglich wurde, wenn die Verhandlungsunfähigkeit selbst verschuldet war oder wenn sie sich ordnungswidrig verhielten.[218] Inwieweit diese beiden Gesetzesänderungen einen Einfluss auf das Verfahren in Stammheim hatten, ist gar nicht zu unterschätzen. Gängige Regeln der Strafprozessführung wurden abgeändert. Dies führte zu Protesten vor allem aus linken Kreisen. Der

[213] Vgl.: Koenen: Das rote Jahrzehnt. S. 403.
[214] Vgl.: Koenen: Das rote Jahrzehnt. S. 403.
[215] Vgl.: Tenfelde: Die Rote Armee Fraktion und die Strafjustiz. S. 72.
[216] Vgl.: Aust: Der Baader-Meinhof-Komplex. S. 322.
[217] Vgl.: Ebd. S. 338.
[218] Vgl.: Tenfelde: Die Rote Armee Fraktion und die Strafjustiz. S. 73.

Verdacht, dass ein Schauprozess abgehalten werden sollte, kam auf. Diese Bedenken brachte Ströbele folgendermaßen auf den Punkt:

> *„Mit dem Gesetzespaket, das im Dezember 1974 kurz vor Weihnachten den Bundestag passierte, hat die Politik tradierte rechtsstaatliche Regeln einfach beiseite gewischt. Als Folge hatte Baader zu Prozessbeginn keinen eingearbeiteten Verteidiger. Ich kannte mich in den Akten gut aus, weil ich mehrere Gefangene vorher verteidigt hatte. Nun hieß es auf einmal: Wer in derselben Sache schon einmal einen Angeklagten verteidigt hat, ist ausgeschlossen. Die gravierendste Einschränkung, die noch heute gilt, war aber, dass man jetzt auch Strafprozesse gegen Angeklagte durchführen konnte, die nicht verhandlungsfähig sind. Das wurde danach angewandt im RAF-Prozess in Stuttgart. Vorher war das in Deutschland ausgeschlossen. Verfahren gegen Altnazis, denen Massenmord vorgeworfen wurde, wurden abgebrochen, wenn diese für verhandlungsunfähig erklärt wurden."*[219]

Sieht man jetzt auch noch gleichzeitig, dass diese Gesetze extra für den Stammheim-Prozess verabschiedet wurden, dann wird deutlich, dass der Gesetzgeber äußerst unglücklich handelte. Durch das ungleiche Verhalten gegenüber rechten und linken Straftätern wurde der Verdacht eines Schauprozesses nur bestärkt. Die Gesetzesvorlagen der Regierung wurden im deutschen Bundestag fast uneingeschränkt übernommen. Die einzige Ausnahme blieb, dass der Rechtsausschuss es ablehnte, die Überwachung von Verteidigergesprächen zu erlauben.[220] Dies zeigt zum einen, dass der Staat die Bedrohung als sehr hoch einschätzte, die von der RAF ausging, wenn sogar im Gespräch war, dieses Tabu der Strafprozessordnung anzugreifen und zum anderen erklärt dies auch, zumindest ansatzweise, wie es später während des Stammheim-Prozesses dazu kommen konnte, dass vermutlich Gespräche zwischen RAF-Gefangenen und RAF-Verteidigern abgehört worden sind. Schily und Ströbele waren beide in den 1970er Jahren als RAF-Verteidiger tätig. Gemeinsam versuchten sie die Haftbedingungen der RAF-Gefangenen zu verbessern und ihnen einen fairen Prozess zu ermöglichen. Beide waren in der linken Szene Berlins engagiert und kannten daher viele Mitglieder der ersten Generation

---

[219] http://www.freitag.de/2007/35/07350401.php (letzter Zugriff: 13.12.2010).
[220] Vgl.: Tenfelde: Die Rote Armee Fraktion und die Strafjustiz. S. 73.

der RAF persönlich. Sie arbeiteten in vielen RAF-Prozessen zusammen. Das fing zu Beginn der 1970er Jahre mit den Mahler-Prozessen an und ging bis zu dem Ausschluss Ströbeles kurz vor Beginn des Stammheim-Prozess weiter. Die Zusammenarbeit war von gegenseitiger Wertschätzung geprägt. Ströbele sagte später über Schily: *„Wir haben immer hervorragend zusammengearbeitet und uns in vielen Fällen sehr gut gegenseitig unterstützt und gemeinsam die Verteidigung gestaltet."*[221] Schily stimmt mit dieser Meinung vollkommen überein, da er über Ströbele folgendermaßen urteilte: *„Er war ein guter Anwalt. Das ist gar keine Frage, er war ein sehr fleißiger Anwalt ..., der also sehr, sehr sorgfältig und fleißig das Material zusammengestellt hat, das man für eine Verteidigung braucht."*[222] In den 1970er Jahren funktionierte die Zusammenarbeit zwischen beiden sehr gut. Das lag auch daran, dass sie sich perfekt ergänzten. Die Arbeitsteilung zwischen ihnen funktionierte außerordentlich gut. Schily war vor Gericht besser als Ströbele, da er ein Gespür dafür hatte, die richtigen Fragen zu stellen und Schwächen von Zeugen schnell erkannte, Ströbele war im Vergleich dazu im Hintergrund und beim Material sammeln besser als Schily.[223] Beide hatten außerdem dieselben Ziele in der Prozessführung und bildeten daher ein erfolgreiches Duo. Diese Zusammenarbeit ging sogar so weit, dass Schily 1975 Ströbeles Verteidiger war, als dieser wegen des Info-Systems verhaftet wurde und vier Wochen in Untersuchungshaft verbringen musste.[224] Gemeinsam war ihnen also die Empörung gegen das Verhalten des Staates im Umgang mit der RAF, aber auch mit ihren Rechtsanwälten, die sie ja selber waren. Dies setzte sich auch fort, als sie vom Tod von Baader, Ensslin und Raspe erfuhren. Zunächst glaubten sie nicht an einen Selbstmord, da es für sie nicht vorstellbar war, dass Waffen in deren Zellen kommen konnten.[225] Diese Zweifel zerstreuten sich erst langsam, nachdem neue Fakten auftauchten.

Aber auch schon vor dem Tod der Stammheim-Gefangenen gab es mit dem Tod von Holger Meins ein Ereignis, das beide erschütterte und ihren Glauben an den Staat schwinden ließ. Ströbele und Schily waren auf Meins Beerdigung und bekamen daher hautnah mit, welche Auswirkungen dessen Tod auf die linke Szene der Bundesrepublik hatte. Beide waren als RAF-Anwälte, die den Toten persönlich kannten und im Falle Ströbeles, in seiner Eigenschaft als Meins Verteidiger, beson-

---

[221] Block/ Schulz: Die Anwälte Ströbele, Mahler, Schily. S. 187.
[222] Ebd. S. 187f.
[223] Vgl.: Ebd. S. 187f.
[224] Vgl.: Reinecke: Otto Schily. S. 159.
[225] Vgl.: Block/ Schulz: Die Anwälte Ströbele, Mahler, Schily. S. 211f.

ders betroffen, weil sie sich dafür verantwortlich fühlten, das Beste für ihre Mandanten zu erreichen. So lässt sich auch Ströbeles Aussage nach der Beerdigung von Meins erklären: *„Es ist ganz eindeutig ein Gefühl des Gescheitertseins, der Niederlage, wenn es in mehreren Fällen nicht gelungen ist, wenigstens das Leben der Mandanten im Gefängnis zu retten. Wenn man dann am Grab stand, war es ein Gefühl der tiefen Enttäuschung, aber auch der Wut."*[226] Nur unter diesem Gesichtspunkt und der Berücksichtigung der emotionalen Extremsituation, in der er sich zu diesem Zeitpunkt befand, ist auch Schilys Aussage auf einer Pressekonferenz einen Tag nach dem Tod von Meins zu erklären. *„Wenn die Öffentlichkeit weiterhin bereit ist hinzunehmen, dass die im Hungerstreik befindlichen Gefangenen in Raten hingerichtet werden, dann wäre das ein alarmierender Hinweis auf den Zustand unserer Gesellschaft. Die Skrupellosigkeit, mit der hier das Leben junger Menschen geopfert wird, ist meiner Meinung nach ohne Beispiel."*[227] Dies war einer der seltenen Augenblicke in denen Schily am Rechtsstaat und an der Gesellschaft in der Bundesrepublik zweifelte. Dabei blieb es jedoch nur kurze Zeit und schon wenig später, zu Beginn des Stammheim-Prozesses, konzentrierte er sich wieder auf seine Tätigkeit als RAF-Verteidiger und vertraute hierbei dem Rechtsstaat.

Trotz dieser Gemeinsamkeiten im Verhalten Schilys und Ströbeles werden aber ebenfalls einige wichtige Unterschiede sichtbar. Diese sind aufgrund einiger Vorkommnisse während der Verfahren erkennbar. Beispielhaft sind hier die Mahler-Prozesse 1971 und 1972 zu nennen, in denen Schily und Ströbele gemeinsam als Verteidiger Horst Mahlers auftraten. Im Verlauf dieser Prozesse trug Ströbele, aus Solidarität mit dem Angeklagten, Mahlers Rechtsanwaltsrobe.[228] Soweit reichte Schilys Verbundenheit mit seinem Mandanten nicht. Der Grad der Solidarisierung mit den RAF-Gefangenen war bei Ströbele also im Vergleich zu Schily deutlich höher. Dies ist auch daran sichtbar, dass Ströbele sich beispielsweise um Mahlers Frau kümmerte, während dieser im Gefängnis saß und ihr einen Job an der Universität verschaffte.[229] Auch dies war ein Zeichen seiner Solidarität. Ströbele versuchte außerdem auszutesten, was möglich und was gesetzlich im Rahmen des Erlaubten war. Dabei war er bereit, bis an die Grenzen zur Illegalität zu gehen, wohingegen Schily zwar aggressiv vorging, um seinen Mandanten zu helfen, aber dabei stets

---

[226] Block/ Schulz: Die Anwälte Ströbele, Mahler, Schily. S. 191.
[227] Reinecke: Otto Schily. S. 150.
[228] Vgl.: Block/ Schulz: Die Anwälte Ströbele, Mahler, Schily. S. 143f.
[229] Vgl.: Ebd. S. 147.

strikt im Bereich des gesetzlich Zulässigen blieb.[230] Das Paradebeispiel hierfür war das Info-System, an dem sich Ströbele beteiligte, ja das er sogar mit aufbaute. Schily war im Gegensatz dazu, für eine Teilnahme zu vorsichtig, weil er sehr auf die Legalität seiner Handlungen bedacht war.[231]
Gleichzeitig war Schily vor allem ein Verteidiger, der versuchte seinen Job zu machen und dieser bestand darin, für seine Mandanten das Beste herauszuholen.[232] Ströbele gehörte zu der Kategorie Sympathisant der RAF. Er identifizierte sich mit ihren Zielen, aber nicht mit ihren Methoden, die sie verwendeten, um diese Ziele zu erreichen.[233] Schily hingegen gehörte zu einer völlig anderen Kategorie. Sein Ziel war es, beruflich voranzukommen und Karriere zu machen. Das war auch einer der Gründe für seine Distanz, da ihm eine Verurteilung wegen der Unterstützung einer kriminellen Vereinigung, die angestrebte Karriere hätte kosten können. Ströbele war hier idealistischer veranlagt als Schily, der eher an seine Zukunft dachte, und er war damit seinen Mandanten auch deutlich näher als der stets auf Distanz bedachte Schily. Dies war durchaus auch immer wieder an Kleinigkeiten erkennbar. Ströbele redete seinen Mandanten Andreas Baader immer als Genossen an, Schily hingegen blieb dauerhaft bei Fräulein Ensslin für seine Mandantin Gudrun Ensslin.[234] Es lässt sich also feststellen, dass auch schon in den 1970er Jahren, als sich Schily und Ströbele als RAF-Verteidiger nahe standen, bedeutende Meinungsverschiedenheiten und unterschiedliche Verhaltensweisen vorhanden waren. Sie wurden jedoch unter anderem durch den Druck der Öffentlichkeit zusammengehalten beziehungsweise wurden durch diese nicht erkannt, da die RAF-Verteidiger als Einheit wahrgenommen und in den Medien dargestellt wurden. Tatsächlich stellten sie aber nie eine Einheit dar, was aber nur im Rückblick zu erkennen ist. Viele der linken Anwälte verband jedoch trotz vieler Unterschiede, dass sie den gleichen politischen Weg einschlugen wie zum Beispiel die Achtundsechziger und später die Grünen und zwar, dass sie vom linken Rand des politischen Spektrums starteten und später im Zentrum der Gesellschaft landeten.[235] In den 1970er Jahren spielten sie jedoch noch eine Sonderrolle. Das Verhalten der RAF-Verteidiger, und damit auch Schilys und Ströbeles, hatte dadurch Folgen für die Prozessführung in der gesamten Bundesrepublik:

[230] Vgl.: Reinecke: Die linken Anwälte. S. 953.
[231] Vgl.: Reinecke: Otto Schily. S. 160.
[232] Vgl.: Ebd. S. 148.
[233] Vgl.: Block/ Schulz: Die Anwälte Ströbele, Mahler, Schily. S. 158.
[234] Vgl.: Reinecke: Otto Schily. S. 147f.
[235] Vgl.: Reinecke: Die linken Anwälte. S. 948.

„Der Umgang vor Gericht ist heute in der Regel weniger autoritär und grundsätzlich entspannter ... Christian Ströbele und Otto Schily wurden dafür verleumdet, ihren Mandanten aus der RAF zu ihrem Recht und zu verfassungsgemäßer Behandlung zu verhelfen. Ihrer Hartnäckigkeit und rechtsstaatlichen Überzeugung ist es zu verdanken, dass eine parteiliche und interessenorientierte juristische Vertretung auch bei extremen Vorwürfen inzwischen eine Selbstverständlichkeit geworden ist, so, wie sie vom Grundgesetz immer intendiert war.“[236]

Damit leisteten sie einen entscheidenden Beitrag zu einer positiven Umgestaltung der Prozesse vor Gericht. In den 1970er Jahren sorgte eine aufgeheizte Stimmung in der Bevölkerung, von der sich auch der deutsche Bundestag anstecken ließ, dafür, dass die RAF-Gefangenen von ihrem Recht auf Verteidigung vorübergehend abgeschnitten wurden, da die Strafverfolgungsbehörden annahmen, dass die RAF den Kampf gegen den Staat mit Hilfe der Verteidiger weiterführte.[237] Die Folgen dieser Annahme waren Einschränkungen der Verteidigerrechte, Verschärfungen des Strafrechts, die Drohung mit Ehrengerichtsprozessen und eine feindliche Berichterstattung in den Medien.[238] Unter diesen Voraussetzungen war es äußerst schwierig, den Rechtsanwaltsberuf auszuüben und den RAF-Gefangenen ein faires Verfahren zu ermöglichen. Der Verdienst der RAF-Verteidiger besteht vor allem darin, dass sie trotz dieser Widrigkeiten in der Lage waren, ein Mindestmaß an Verfahrensgerechtigkeit zu erhalten.

---

[236] Block/ Schulz: Die Anwälte Ströbele, Mahler, Schily. S. 307f.
[237] Vgl.: Brunn/ Kirn: Rechtsanwälte, Linksanwälte. S. 30.
[238] Vgl.: Klaus Eschen: 20 Jahre „linke“ Anwaltschaft von der APO bis heute. In: K. Eschen/ J. Huth/ M. Fabricius-Brand (Hg.): „Linke“ Anwaltschaft von der APO bis heute. Chancen und Versäumnisse. Köln 1988. S. 201-209. Hier: S. 202.

4 Bundestagsabgeordnete der Grünen in den 1980er Jahren

4.1 Otto Schily

4.1.1 Gründungsmitglied und Einzug in den Bundestag

Das Ende des Stammheim-Prozesses bedeutete für Otto Schily den Abschluss eines Lebensabschnittes. Er war jahrelang RAF-Verteidiger gewesen und hatte es dadurch auch zu bundesweiter Bekanntheit gebracht. Der Stammheim-Prozess war der Höhepunkt seiner Karriere als Rechtsanwalt, jeder weitere Prozess konnte nur noch einen Abstieg bedeuten. Schily wollte aber seine Karriere weiter voranbringen und um dieses Ziel zu erreichen, entschied er sich dazu, in die Politik zu gehen. Im Jahr 1977 plante Schily, eine Partei zu gründen, die links von der SPD steht, da eine solche bei Wahlen nach Meinungsumfragen ein Potential von 5-10% der Wählerstimmen hätte.[239] Der Weg dahin führte über mehrere Stationen. Zunächst war Schily 1978 an der Gründung der Tageszeitung taz, einer überregionalen Zeitung beteiligt, dann an der Gründung des Republikanischen Anwaltsvereins, einer Organisation von linksliberalen Verteidigern, dessen erstem Vorstand Schily sogar von 1979 bis 1981 angehörte.[240] Dies waren Vorläufer für seine weitere politische Karriere, da er so wichtige Kontakte knüpfen und sich politisch positionieren konnte. Hinzu kam seine Bekanntheit, die ihm die Aufmerksamkeit der Medien sicherte. In Berlin standen 1979 Senatswahlen bevor. Seit dem Sommer 1978 versuchten daher die Linken ein Wahlbündnis zu schmieden, um in den Senat einzuziehen.[241] Mitglied war neben Ströbele und weiteren führenden Linken Berlins auch Schily, der aber bald darauf wieder austrat, da er dem Wahlbündnis fehlende Distanz zu den Maoisten vorwarf, was er auch über die Medien inszenierte.[242] Diese Vorgänge zeigen zweierlei. Für den Politiker Schily ist erstens typisch, dass er in Konflikt zu seiner Partei oder seines Wahlbündnisses gerät, wenn etwas nicht nach seinem Willen geschieht. Dadurch wird er zwangsläufig zu einem Außenseiter innerhalb der jeweiligen Gruppierung. Zweitens ist ein typisches Merkmal des Politikers Schily, dass er einen sehr guten Draht zu den Medien besitzt. Das hilft ihm oft dabei, sich in der Öffentlichkeit zu

[239] Vgl.: Reinecke: Otto Schily. S. 200.
[240] Vgl.: Ebd. S. 201.
[241] Vgl.: Ebd. S. 202.
[242] Vgl.: Ebd. S. 203.

profilieren und seine Meinung besser darzustellen und dann auch durchzusetzen. Beides wirft einen Blick voraus auf die weitere Karriere Schilys. Ähnliche Geschehnisse ereigneten sich auch, während er für die Grünen im Bundestag saß und auch anschließend in seiner Zeit in der SPD.

Trotz dieser zwischenzeitlichen Probleme, trat Schily 1980 den Grünen bei und war damit das erste Mal in seinem Leben Mitglied in einer Partei.[243] Er selbst begründete diesen Schritt folgendermaßen: *„Die Entwicklung, die sich in den Grünen aktualisiert hat, bot für mich zum ersten Mal die Möglichkeit, in einer Weise politisch aktiv zu werden, die von mir nicht einen fundamentalen Kompromiss verlangt."*[244] Schily unterschied sich jedoch deutlich von vielen anderen Grünen. Im Gegensatz zu dieser Gruppe war er nicht wegen der Umweltpolitik bei den Grünen, sondern weil er sich mit dem dort vorherrschenden, linken Gedankengut identifizieren konnte.[245] Trotzdem war ihm aufgrund seiner Erziehung die Umweltpolitik nicht völlig fremd, er wurde jedoch von vielen Ökologen bei den Grünen verachtet, da Schily die Inszenierung und die Eleganz liebt, welche für diese zu den schlimmsten Eigenschaften zählten.[246] Dazu gehört auch, dass er immer korrekt mit Anzug und Krawatte gekleidet ist. Durch dieses Auftreten machte er sich viele Feinde in der Partei. Dies bekam er auch zu spüren. Auf der Dortmunder Bundesversammlung im Sommer 1980 scheiterte seine Kandidatur als Parteisprecher.[247] Dies war ein typischer Vorgang in Schilys früher politischer Karriere. Treffend lässt sich dies so beschreiben: *„Schily ist 1980 bei den Grünen nicht ohne Einfluss – aber die entscheidende Wahl verliert er, mangels eigener Hausmacht. So wird es bis zu seinem Austritt 1989 bleiben."*[248] Innerparteilich hatte Schily wenige Freunde und viele Feinde. Am Aufbau eines Unterstützerzirkels hinderte ihn auch seine ihm eigene Distanz, die er immer versucht zu wahren. Ihm war auch das bei den Grünen gebräuchliche Du suspekt. Stellvertretend hierfür steht eine Anekdote, die sich Mitte der 1980er Jahre auf einer Bundesdelegiertenkonferenz, wie die Parteitage bei den Grünen hießen, ereignete. Ein junger Grüner trat an Schily heran und sagte zu ihm: *„Otto, dass du immer mit Krawatte und Anzug*

---

[243] Vgl.: Reinecke: Otto Schily. S. 208.
[244] Block/ Schulz: Die Anwälte Ströbele, Mahler, Schily. S. 233.
[245] Vgl.: http://www.stern.de/politik/deutschland/gruenen-jubliaeum-otto-schily-ueber-seine-gruene-vergangenheit-615300.html (letzter Zugriff: 31.01.2011).
[246] Vgl.: Reinecke: Otto Schily. S. 209.
[247] Vgl.: Block/ Schulz: Die Anwälte Ströbele, Mahler, Schily. S. 236.
[248] Reinecke: Otto Schily. S. 206.

rumläufst, das stört mich.“ Woraufhin Schily antwortete: *„Und mich stört, dass ich in einer Partei bin, in der ich mich von einem Rotzlöffel wie dir duzen lassen muss.“*[249] Zunächst erhielt Schilys weitere politische Karriere einen Dämpfer. Die Grünen verpassten nämlich bei der Bundestagswahl 1980 den Einzug ins Parlament. Anschließend zog er sich vorübergehend aus der Bundespolitik zurück und engagierte sich wieder in der Berliner Landespolitik für die dortige Alternative Liste und kandidierte 1981 sogar für diese für den Senat, scheiterte jedoch knapp an seinem schlechten Listenplatz.[250] Im Rückblick erscheint dieses Scheitern als glückliche Fügung, da er in der Landespolitik mit Sicherheit weniger Erfolge hätte erringen können, wie es ihm später in der Bundespolitik gelang. Diese Senatswahl in Berlin zeigte auch, dass das Verhältnis zwischen dem Landesverband und Schily zerrüttet war, da nur so sein schlechter Listenplatz zu erklären ist. Einen derart bekannten Kandidaten erst auf einem hinteren Listenplatz zu nominieren spricht hier Bände. Aus diesem Grund entschied er sich, als im März 1983 Neuwahlen zum Bundestag anstanden, sich in Nordrhein-Westfalen zu bewerben, wo er auch den Wahlkreis Düsseldorf und einen sicheren Listenplatz erhielt.[251] Dieser Schachzug ging auf. Den Grünen gelang mit 5,6 Prozent der Stimmen der Einzug in den Bundestag und zu den 28 Abgeordneten gehörte auch Schily.[252] Damit erklomm er eine weitere wichtige Stufe in seiner Karriereplanung. Mit dem Einzug in den Bundestag war er wieder eine Person des öffentlichen Interesses, wie er es auch schon zu Zeiten des Stammheim-Prozess war. In dieser Rolle fühlt sich Schily wohl. Sein Auftreten veränderte sich jedoch nicht und er blieb sich treu. Dies führte sogar so weit, dass er sein Außenseitertum innerhalb der Grünen regelrecht pflegte. Beim Einzug der Grünen in den Bundestag am 29. März 1983 trugen diese Wollpullover und vom sauren Regen gezeichnete Nadelbäume, nur Schily trat wie üblich mit Anzug und Krawatte auf, was dazu führte, dass die Zeitungen ihm mehr Aufmerksamkeit schenkten und den Einzug der Grünen unter die Schlagzeile stellten: *„Ein Bürger und viele Hippies.“*[253]

---

[249] Reinecke: Otto Schily. S. 227.
[250] Vgl.: Ebd. S. 206.
[251] Vgl.: Block/ Schulz: Die Anwälte Ströbele, Mahler, Schily. S. 244.
[252] Vgl.: Ebd.
[253] Vgl.: Reinecke: Otto Schily. S. 215.

4.1.2 Verhältnis zu den anderen Parteien im Bundestag

Innerhalb der ersten Grünen-Fraktion im deutschen Bundestag spielte Schily eine wichtige Rolle. Das ist daran sichtbar, dass er von der Fraktion in den Rechtsausschuss gewählt wurde.[254] Als studierter Jurist ist dies sein Spezialgebiet und aufgrund seiner langjährigen Erfahrungen als RAF-Verteidiger galt er als ausgewiesener Fachmann. Schilys bedeutende Stellung innerhalb der Grünen-Fraktion wurde vor allem dadurch deutlich, dass er in den ersten, dreiköpfigen Fraktionsvorstand gewählt wurde.[255] Damit war er gleichzeitig auch Sprecher der grünen Bundestagsfraktion.[256] Dies war eine Rolle, die ihm lag und eine Funktion, die ihn auf der Karriereleiter weiterbrachte. Denn er stand somit weiterhin in der Öffentlichkeit im Blickpunkt und konnte seine eigenen Positionen vertreten. *„Für die Presse ist Schily die erste Adresse in der grünen Fraktion. Er ist, schreibt die ‚Süddeutsche Zeitung' im April 1983, neben Petra Kelly der politische Kopf der Fraktion, in der er sich mal als Moderator, mal als juristischer Beistand, mal als elder statesman betätigt."*[257] Schily wusste also, wie er sich auf dem politischen Parkett zu verhalten hatte und wie es ihm am Besten gelang, sich in der Öffentlichkeit darzustellen. Damit stand er in der Grünen-Fraktion alleine da. *„Viele andere Grüne achten demonstrativ wenig auf die Medien, Schily inszeniert seine Auftritte, kommt zu spät und just in dem Moment, in dem die Kameras angehen, zu Pressekonferenzen."*[258] Die Medien drängten sich daher um Schily, da er ihnen bereitwillig Rede und Antwort stand und sich damit fundamental von den meisten seiner Parteifreunde unterschied. Dieser Effekt wurde durch sein Verhalten und seine Inszenierungskünste sogar noch verstärkt. Er war bei den Journalisten ein gefragter Mann. Diese Sonderrolle spielte Schily aber auch im Bundestag. Dort wurde er, im Gegensatz zu vielen anderen Grünen, von den etablierten Parteien ernst genommen.[259] Die anderen im Bundestag vertretenen Parteien gestanden den Grünen zu, dass sie die richtigen politischen Fragen stellten, unter-

---

[254] Vgl.: Die Grünen im Bundestag. Sitzungsprotokolle und Anlagen 1983-87. Bearbeitet von Josef Boyer, Helge Heidemeyer unter Mitwirkung von Tim B. Peters. In: Karl-Dietrich Bracher/ Klaus Hildebrand/ Rudolf Morsey/ Hans-Peter Schwarz (Hg.): Quellen zur Geschichte des Parlamentarismus und der politischen Parteien. Vierte Reihe. Deutschland seit 1945. Band 14/I. Düsseldorf 2008. Erster Halbband Januar 1983-März 1984. S. 92.

[255] Vgl.: Block/ Schulz: Die Anwälte Ströbele, Mahler, Schily. S. 247.

[256] Vgl.: Die Grünen im Bundestag. Quellen zur Geschichte des Parlamentarismus und der politischen Parteien. Erster Halbband. S. LXIII.

[257] Reinecke: Otto Schily. S. 218.

[258] Ebd.

[259] Vgl.: Ebd. S. 216.

stellten ihnen aber gleichzeitig, dass sie darauf keine Antwort hätten.[260] Damit werden zwei Dinge deutlich. Erstens wurden den Themen, die den Grünen besonders am Herzen liegen, wie zum Beispiel die Atompolitik, der NATO-Doppelbeschluss und die Friedensbewegung, auch von CDU/CSU, SPD und FDP eine wichtige Bedeutung zugestanden. Aber zweitens trat der unterschwellige Vorwurf zu Tage, dass die Grünen eine Dagegen-Partei seien, deren Politik nur aus Protestieren bestehe und selbst auch nur, wenn überhaupt, unzureichende Lösungsansätze zu besitzen. Schily wurde dabei anders gesehen. Der Grund hierfür war sein Auftreten. Er stellte eine seriöse Erscheinung dar, die auf Augenhöhe mit den Politikern von CDU/CSU, SPD und FDP agieren konnte. Er erkannte auch, dass dies wichtig für seine weitere Karriere sein würde. Er wollte schon immer mit großen Namen zu tun haben und träumt davon, eines Tages Minister zu werden.[261] Sein Hang dazu, bedeutende Personen der Weltpolitik zu treffen, wurde auch schon im Juli 1982 sichtbar. Zusammen mit 18 anderen Grünen besuchte Schily Libyen und traf sich dort mit dem dortigen Diktator Gaddafi, worüber der nicht informierte Bundesvorstand der Grünen entsetzt war, da es der Außendarstellung der Grünen schade.[262] Die Brisanz dieses Besuchs muss Schily auch schon zuvor bewusst gewesen sein. Aber sein Drang danach, bedeutende Persönlichkeiten zu treffen, war stärker. Um sein zweites Ziel, einen Ministerposten, zu erreichen ist der gute Kontakt zu den anderen Parteien im Bundestag unerlässlich, denn Schily erkannte, dass dies nur in einer Koalition möglich ist. Deshalb positionierte er sich vor allem gegenüber dem wahrscheinlichsten Partner SPD als moderater Politiker, der realistisch erkennt, was in der Politik möglich ist, und der bereit und in der Lage ist, die utopischen Forderungen mancher Parteifreunde abzumildern. Damit war Schily bei den Grünen aber seiner Zeit voraus. Zunächst überwog die Forderung nach dem Betreiben einer Fundamentalopposition bei den Grünen. Verbunden damit wäre, dass keine Kompromisse eingegangen werden dürften, was den Ausschluss einer Beteiligung an einer Koalition bedeutete.[263]

Schily hielt dies für falsch, aber sein Verhalten und seine Reden vor dem deutschen Bundestag zeigten jedoch auch, dass Schily durchaus bereit war, auf Konfrontati-

[260] Vgl.: Otto Schily: Vorwort. In: Frank Beckenbach/ Jo Müller/ Reinhard Pfriem/ Eckhard Stratmann: Grüne Wirtschaftspolitik. Machbare Utopien. Köln 1985. S. 9-11. Hier: S. 9.
[261] Vgl.: Reinecke: Otto Schily. S. 238.
[262] Vgl.: Ebd. S. 212.
[263] Vgl.: Joseph Huber: Basisdemokratie und Parlamentarismus. Zum Politikverständnis der Grünen. In: Wolfgang Kraushaar: Was sollen die Grünen im Parlament? Frankfurt am Main 1983. S. 68-84. Hier: S. 74.

onskurs mit den etablierten Parteien zu gehen. Er beteiligte sich beispielsweise am 21. Oktober 1983 an einer Sitzblockade während einer Demonstration vor dem Bundesverteidigungsministerium in Bonn und ließ sich dabei von Polizisten wegtragen.[264] Seine Begründung für diesen Auftritt lautete, dass ein Widerstandsrecht vorhanden sein müsse, wenn die bestehenden Verhältnisse nicht mit dem Gewissen der Menschen vereinbar wären.[265] Mit der Teilnahme an dieser Sitzblockade zeigte Schily, dass er auch in der Lage war, sich auf das typische Terrain der Grünen zu begeben. Hier befand er sich ausnahmsweise nicht in seiner Rolle des Außenseiters, die er sonst auch in gewisser Weise pflegte. Dass er sich dabei nicht unbedingt wohl fühlte, wird aber schnell deutlich. Alleine schon seine Kleidung war ein klares Zeichen hierfür. Extra für die Sitzblockade vor dem Bundesverteidigungsministerium mussten Schilys Mitarbeiter für ihren Chef eine Jeans kaufen, da er keine in seinem Kleiderschrank hatte.[266] Dieses kleine Zeichen macht deutlich, dass Schily hier nicht aus tiefer Überzeugung handelte, sondern sich in eine Rolle hineingedrängt fühlte. Seine Reden, die er vor dem deutschen Bundestag während seiner ersten Legislaturperiode hielt, zeigen aber, wie wichtig der Einzug der Grünen in den Bundestag aus seiner Sicht war. In seiner Rede *„Die Militarisierung der Politik“* vom 14. Oktober 1983 versuchte er die Aufmerksamkeit auf einen möglichen Atomkrieg zu lenken, davor zu warnen und klarzustellen, dass aus seiner Sicht die atomare Abschreckung nicht der Grund für den aktuellen Friedenszustand sei.[267] Der Hintergrund dieser Rede waren der NATO-Doppelbeschluss und die Stationierung von Pershing 2 Raketen in Deutschland. Damit bewegte er sich auf einem Gebiet, das zu den elementaren Grundthemen der Grünen gehörte, auf Parteilinie. Im gleichen Atemzug kann seine Rede vor dem Bundestag vom 21. November 1983 zum Thema *„Kriegsverhinderung durch Kriegsführungsoptionen?“* genannt werden.[268] In ihr schlug er eine Neutralisierung Mitteleuropas vor und eine damit verbundene Auflösung der Machtblöcke unter Führung der Sowjetunion und der USA, da das Risiko der atomaren Vernichtung, das die Mitgliedschaft in der NATO beinhaltete, dadurch drastisch gesenkt werden könne.[269] Die Neutralisierung Mitteleuropas stand also für Schily am Anfang eines völlig neuen Politikstils. Dessen Etablierung im deutschen Bundestag

---

[264] Vgl.: Block/ Schulz: Die Anwälte Ströbele, Mahler, Schily. S. 229.
[265] Vgl.: Ebd.
[266] Vgl.: Reinecke: Otto Schily. S. 228.
[267] Vgl.: Otto Schily: Vom Zustand der Republik. Berlin 1986. S. 39.
[268] Vgl.: Ebd. S. 41-48.
[269] Vgl.: Ebd. S. 47.

machte er zu einem seiner Ziele. In seiner Rede *„Über die Aufgaben der beiden deutschen Staaten"* vom 23. Juni 1983 machte Schily deutlich, dass für ihn die Lösung politischer Probleme durch Rüstung nicht möglich sei, was auch daran zu sehen war, dass die Wiedervereinigung durch Wiederaufrüstung nicht gelungen sei.[270] In diesen Reden erschien Schily so kampfeslustig wie knapp zehn Jahre zuvor während des Stammheim-Prozesses. Er kritisierte die etablierten Parteien für ihre Rüstungspolitik. Die Opposition der Grünen dagegen war aus Schilys Sicht der Hauptgrund für deren Einzug in den Bundestag. Aus diesem Grund muss der Wähler auch sehen können, dass die Grünen diese Interessen auch tatsächlich vertreten. Sie brachten durch dieses Verhalten einen frischen Wind ins Parlament. In seiner Abschlussbilanz der ersten Legislaturperiode, in der die Grünen im Bundestag saßen, stellte Schily die Verdienste der Grünen heraus. Aus seiner Sicht leistete die Fraktion gute Arbeit, die Denkbequemlichkeit der alten Parteien sei gestört worden und *„sie bildet heute das ökologische und friedenspolitische Gewissen des Parlaments."*[271]

Aber auch auf anderen Gebieten zeigte sich die neue Opposition, die die Grünen betrieben. Dadurch geriet die SPD verstärkt unter Druck von links. Dies wurde auch durch die Rede Schilys über *„Die segensreiche Tätigkeit des von der Großindustrie spendierten Kanzlers"* vom 25. April 1985 deutlich.[272] In ihr kritisierte Schily die SPD, dass sie keine wirkliche Opposition betreibe und stattdessen zu allem „Jein" sage und daher die Grünen die einzige wirkliche Opposition im Bundestag darstellen würden.[273] Diese Rede zur Hälfte der Legislaturperiode ging aber vor allem auch mit der Regierung hart ins Gericht, da Schily dieser vorwarf, einen sprunghaften Anstieg der Arbeitslosenzahlen, eine Umverteilung zu Gunsten der Reichen und eine Verstärkung der Umweltverschmutzung zu verursachen.[274] Gerade die Politik gegenüber der SPD war aber zwiespältig. Während der ersten Legislaturperiode der Grünen im Bundestag war die Mehrheit der Grünen davon geprägt gegen alle etablierten Parteien Opposition zu betreiben. Schily dachte jedoch schon weiter. In der SPD sah er den zukünftigen Koalitionspartner. Darum waren seine Attacken hauptsächlich

[270] Vgl.: Schily: Vom Zustand der Republik. S. 25.
[271] Die Grünen im Bundestag. Sitzungsprotokolle und Anlagen 1983-87. Bearbeitet von Josef Boyer, Helge Heidemeyer unter Mitwirkung von Tim B. Peters. In: Karl-Dietrich Bracher/ Klaus Hildebrand/ Rudolf Morsey/ Hans-Peter Schwarz (Hg.): Quellen zur Geschichte des Parlamentarismus und der politischen Parteien. Vierte Reihe. Deutschland seit 1945. Band 14/I. Düsseldorf 2008. Zweiter Halbband März 1984-Januar 1987. S. 1071.
[272] Vgl.: Schily: Vom Zustand der Republik. S. 93-102.
[273] Vgl.: Ebd. S. 99.
[274] Vgl.: Ebd. S. 94ff.

gegen CDU/CSU und FDP gerichtet. In einem Interview mit dem linken Verleger Klaus Wagenbach machte Schily dies auch deutlich, in dem er das Verhältnis zur SPD-Fraktion als überwiegend kollegial charakterisierte, während die Grünen eine scharfe und aggressive Opposition gegenüber den Regierungsparteien betreiben würden.[275] Im selben Interview betonte Schily auch, dass aus seiner Sicht der Einfluss der Grünen ab 1983 nicht unterschätzt werden dürfe, weil dieser sich nicht nur darin zeigt, *„wie die Regierung gehandelt und was sie unterlassen hat, sondern vor allem auch darin, welche Positionsveränderungen inzwischen in der SPD stattgefunden haben."*[276] Aus seiner Sicht war also der eingeschlagene Weg richtig. Mitte der 1980er Jahre sah sich Schily folglich auf einem guten Weg, diese Ziele, die er mit dem Beitritt bei den Grünen verfolgt hatte, auch zu erreichen.

4.1.3 Der Flick-Untersuchungsausschuss

Das zentrale Thema, das die komplette Legislaturperiode von 1983 bis 1987 bestimmte, war der Skandal um die Flick-Parteispendenaffäre. Dabei ging es um die Frage, inwieweit ein Unternehmen in der Lage war, durch Parteispenden Einfluss auf die Politik zu nehmen. Dies führte dazu, dass die Fraktion der Grünen den Antrag zur Einrichtung eines parlamentarischen Untersuchungsausschusses stellte, der aber von CDU/CSU, FDP und SPD abgelehnt wurde.[277] Der Grund war, dass dieser Antrag den etablierten Parteien zu weit ging, da aus Sicht der Grünen zum Beispiel auch andere Großunternehmer, außer Flick, mit einbezogen werden sollten, was dazu führte, dass am 19. Mai 1983 ein weniger weit reichender SPD-Antrag zur Einrichtung eines Untersuchungsausschusses angenommen wurde.[278] In diesem Antrag hieß es, dass die Öffentlichkeit Anspruch darauf habe, *„in allen Einzelheiten zu erfahren, ob sich die Parteien und die Parlamentsabgeordneten an die ihnen durch Verfassung und Gesetz auferlegten Pflichten halten."*[279] Von vorne herein stand fest, dass die Mitgliedschaft in diesem Untersuchungsausschuss eine Herkulesaufgabe für jedes Mitglied der Grünen-Fraktion werden würde. Das lag daran, dass nur ein Grüner darin sitzen sollte, der auch noch die kürzeste Redezeit haben

[275] Vgl.: Schily: Vom Zustand der Republik. S. 114.
[276] Ebd. S. 113.
[277] Vgl.: Otto Schily: Politik in bar. Flick und die Verfassung unserer Republik. München 1986. S. 17.
[278] Vgl.: Ebd.
[279] Otto Schily: Bundestagsrede: Einsetzung eines Untersuchungsausschusses. In: Plenarprotokoll 10/8, 19. Mai 1983. S.424c-426d. Hier: S. 425b.

würde, da die Grünen die kleinste Fraktion im Bundestag stellten.[280] Schily schreckte vor dieser Aufgabe nicht zurück. Mit dem ihm eigenen Selbstbewusstsein stellte er in der Fraktionssitzung, in der es um die Besetzung des Untersuchungsausschusses ging, klar, dass er diese Aufgabe unter allen Umständen übernehmen wolle. *„Das kann nur ich. Es gibt in der Fraktion niemand, der mir ebenbürtig wäre. Das ist ein Faktum."*[281]

Dieser Untersuchungsausschuss bot für Schily aber auch eine große Chance. In der Öffentlichkeit der Bundesrepublik war sein Image nach wie vor von seiner Zeit als RAF-Verteidiger geprägt. Damit galt er immer noch als potentieller Terroristensympathisant. Nun konnte er beweisen, dass er seine Fähigkeiten als Verteidiger auch dazu einsetzen kann, dass Skandale aufgeklärt werden. Damit war eine Imagekorrektur möglich, die ihn seinem Fernziel, einen Ministerposten zu bekommen, näher brachte. Der Flick-Untersuchungsausschuss war dafür die ideale Gelegenheit, auf die er schon gewartet hatte, da er hier dieselben Eigenschaften benötigte wie auch vor Gericht.

> *„Im Flick-Ausschuss spielt er seine Glanzrolle. Denn hier kann er tun, was ihm am meisten liegt: als Vertreter von Moral und Aufklärung gegen die Macht auftreten, einer gegen alle. Diese Inszenierung beherrscht er aus Stammheim, aus unzähligen Prozessen, in denen er als Anwalt mit missliebigen Richtern, aggressiven Staatsanwälten und manchmal einer aufgebrachten Öffentlichkeit zu tun hatte. Hier ist er keinem Kollektiv verpflichtet, keinem Team, auf das er Rücksicht nehmen muss, ... hier zählt, wie im Gericht, nur sein Ehrgeiz, seine Intelligenz und Hartnäckigkeit. Die grüne Fraktion erfährt aus der Zeitung, was Schily in dem Ausschuss so treibt. Die Details verstehen sowieso nur ein paar Dutzend Leute in der Republik, und auf die Details kommt es an."*[282]

Hier werden sowohl Schilys Stärken als auch seine Schwächen klar erkennbar. Wenn er auf sich alleine gestellt ist und gegen einen scheinbar übermächtigen Gegner kämpfen muss, läuft er zu Höchstform auf. Jedoch machte er sich durch sein Verhalten auch viele Feinde innerhalb seiner eigenen Partei, da er vor allem sich

[280] Vgl.: Block/ Schulz: Die Anwälte Ströbele, Mahler, Schily. S. 252.
[281] Reinecke: Otto Schily. S. 257.
[282] Ebd.

selber profilieren wollte und erst danach schaute, welches Verhalten den Grünen einen Vorteil bringen könnte. Dies schadete ihm bei späteren innerparteilichen Wahlen und Abstimmungen und beschleunigte seinen späteren Wechsel zur SPD. Zunächst war er aber in der richtigen Partei. Gerade weil er Grünen-Mitglied war, war sein Auftritt im Flick-Untersuchungsausschuss erfolgreich, da er als SPD-Mitglied anders handeln und mehr Rücksichten auf seine Parteifreunde hätte nehmen müssen.[283]

Schily hatte trotz seines schweren Kampfes, alleine gegen die Mehrheit des Untersuchungsausschusses, mehrere Vorteile. Die Grünen waren die einzige Partei, die unbelastet in den Flick-Ausschuss gehen konnte, da sie vor 1983 nicht im Parlament vertreten waren, wodurch Schily zum wichtigsten Aufklärer der Spendenaffäre avancierte. CDU/CSU, FDP und SPD standen hingegen im Verdacht, in die Parteispendenaffäre verwickelt zu sein. Hinzu kamen seine Fähigkeiten in der Zeugenbefragung. Scharfsinn und Schauspieltalent kommen bei ihm zusammen, wodurch es ihm gelang Zeugen auf für sie unsicheres Terrain zu führen.[284] Ein dritter Punkt war, dass er viel besser vorbereitet war als die anderen Mitglieder des Flick-Ausschusses. Der Grund hierfür war, dass Schily 1980 Anwalt des Steuerfahnders Klaus Förster war, der der Spendenaffäre auf die Schliche kam, deshalb versetzt wurde und während der Klage gegen die Versetzung von Schily vertreten wurde.[285] Durch diese Vorteile und durch seinen Ehrgeiz war es ihm möglich, im Flick-Ausschuss erfolgreiche Arbeit zu leisten. In der Grünen-Fraktion galt die Rotationsregel. Jedes Mitglied der Fraktion sollte nach zwei Jahren Platz für einen Nachrücker machen. Für Schily galt jedoch die Sonderregel, dass er erst später rotieren solle, *„um seine Arbeit im Parteispendenuntersuchungsausschuss abschließen zu können."*[286] Dies führte dazu, dass er erst ein Jahr vor Abschluss der Legislaturperiode, nach Beendigung des Flick-Ausschusses, rotieren musste. Am 13. März 1986 trat Schily daher zu Gunsten von Horst Fritsch ab.[287] Die Beendigung des Flick-Untersuchungsausschusses erfolgte schließlich vorzeitig durch CDU und SPD, da diese den entstandenen Schaden begrenzen wollten, was dazu führte, dass von den ursprüng-

[283] Vgl.: Reinecke: Otto Schily. S. 258.
[284] Vgl.: Ebd. S. 259.
[285] Vgl.: Michels: Otto Schily. S. 101.
[286] Die Grünen im Bundestag. Quellen zur Geschichte des Parlamentarismus und der politischen Parteien. Erster Halbband. S. XV.
[287] Vgl.: Ebd. S. LXIV.

lich 104 vorgesehenen Zeugen nur 36 vernommen wurden.[288] Schily war damit absolut nicht zufrieden und schrieb ein viel beachtetes Minderheitenvotum, wofür er bei den Grünen gefeiert wurde, was ihm aber unrecht war, da aus seiner Sicht eine ernstzunehmende Staatskrise bestand.[289] Diese Vorkommnisse sind typisch für Schily. Der Rechtsstaat liegt ihm sehr am Herzen und in dessen Krise ist ihm nicht nach Feiern zu Mute. Aus seiner Sicht zeigte die vorzeitige Beendigung des Flick-Untersuchungsausschusses nur die fehlende Lernfähigkeit und den Aufklärungsunwillen der etablierten Parteien.

Die Folgen des Flick-Untersuchungsausschusses trafen zum einen die etablierten Parteien. Unter anderem musste Rainer Barzel 1984 als Bundestagspräsident zurücktreten, was auch als Schilys Verdienst angesehen werden konnte, da er herausfand, dass Barzel 1973 zu Gunsten von Helmut Kohl auf den Fraktionsvorsitz verzichtet und dafür von Flick 1,7 Millionen DM bekommen hatte.[290] Aber auch Kohl selbst geriet unter starken Druck. Die größte Gefährdung seiner Kanzlerschaft stellten die Anzeigen Schilys gegen ihn wegen uneidlicher Falschaussage dar.[291] Diese Anzeigen scheiterten letztendlich, da aus Sicht der Staatsanwaltschaft ein Missverständnis möglich gewesen und Kohl daher kein Vorsatz nachzuweisen sei.[292] Die Wirkung in der Öffentlichkeit war aber groß. Schily stand als Verteidiger des Rechtsstaates gegen möglicherweise käufliche Politiker da, die diese Vorgänge auch noch vertuschen wollten. Zum anderen hatte es auch Folgen für Schilys weitere Karriere. Zu den Mitgliedern des Flick-Untersuchungsausschusses gehörte auch der spätere Bundeskanzler Gerhard Schröder, der 1986 aufgrund seiner Erfolge im Flick-Ausschuss über Schily sagte, dass dieser *„eine Zierde für jedes sozialdemokratische Kabinett“* wäre.[293] Diese Aussage warf einen Blick in die Zukunft. Mit dem Flick-Ausschuss gelang Schily der endgültige Durchbruch als Politiker. Seine Wandlung vom RAF-Verteidiger, der in der Öffentlichkeit als Außenseiter dastand, zum geachteten Mitglied des Bundestags war damit einen entscheidenden Schritt vorangekommen. Der Flick-Ausschuss stellte gleichzeitig den Höhepunkt seiner Tätigkeit für die Grünen im Bundestag dar. Nach der Flick-Affäre gab es keinen Untersuchungs-

---

[288] Vgl.: Michels: Otto Schily. S. 102.
[289] Vgl.: Reinecke: Otto Schily. S. 264.
[290] Vgl.: Ebd. S. 260.
[291] Vgl.: Michels: Otto Schily. S. 109.
[292] Vgl.: Ebd. S. 111.
[293] Reinecke: Otto Schily. S. 261.

ausschuss mehr, der ähnlich wichtig in den Medien angesehen wurde.[294] Schily erkannte daher, dass er ein neues Betätigungsfeld benötigte, um nicht aus der öffentlichen Wahrnehmung zu verschwinden.

4.1.4 Stellung innerhalb der Grünen und Unzufriedenheit mit seiner Situation

Damit deutete sich ein Konflikt zwischen den Zielen Schilys und den Möglichkeiten, die sich ihm innerhalb der Grünen-Bundestagsfraktion boten, an. Im Laufe der 1980er Jahre klaffte diese Schere immer weiter auseinander. Hinzukam, dass sich Schilys Grundpositionen in vielerlei Hinsicht von denen der Mehrheit der Grünen fundamental unterschieden. In einigen Punkten spiegelten seine Ansichten bereits mehr die politische Mitte als den linken Flügel wieder, wie ihn die Grünen repräsentierten. Es bestand die Gefahr, dass er sich in seiner öffentlichen Darstellung und wie er in der Bevölkerung gesehen wurde immer weiter von den Grünen entfernte und gar nicht mehr als deren Mitglied und prominenter Vertreter gesehen wurde.[295] Bei anderen politischen Themen war er nur seiner Zeit voraus und er vertrat Mitte der 1980er Jahre bereits Standpunkte, die die Grünen erst später übernehmen sollten. Dazu gehörten zum Beispiel das Gewaltmonopol des Staates und das Rechtsstaatsprinzip, die für Schily unantastbar sind.[296] Im Jahr 1985 machte er dies in einem Interview deutlich.

> *„Die Kraft der Grünen entsteht daraus, dass sich verschiedene politische Traditionen miteinander verbinden, ökologische, radikaldemokratische, meinethalben auch solche Gruppierungen, die früher guten Glaubens meinten, die kommunistischen Ziele seien etwas Vernünftiges, die aber inzwischen ihre dogmatischen Sperren überwunden haben: Alle sind mir durchaus willkommen in der Grünen Partei. Aber in der Frage des staatlichen Gewaltmonopols bin ich nicht einen Zentimeter kompromissbereit."*[297]

[294] Vgl.: Reinecke: Otto Schily. S. 284.
[295] Vgl.: Jürgen Leinemann: Eigentlich weiß er nicht, wo er hingehört. In: DER SPIEGEL vom 20. Mai 1985.
[296] Vgl.: Block/ Schulz: Die Anwälte Ströbele, Mahler, Schily. S. 259.
[297] Ebd.

Das staatliche Gewaltmonopol wurde schließlich nach langen innerparteilichen Diskussionen 1988 von der Grünen-Bundestagsfraktion ausdrücklich anerkannt.[298] Aus heutiger Sicht scheint diese Anerkennung eine Selbstverständlichkeit. Die unterschiedlichen Meinungen zu dieser Frage innerhalb der Partei, zeigen aber deutlich, dass die Grünen in den 1980er Jahren davon geprägt waren, dass eine gemeinsame Politikrichtung erst noch gefunden werden musste. Zeichen davon waren die zunehmenden Flügelkämpfe zwischen den Fundamentalisten, den so genannten Fundis, und den Realpolitikern, den so genannten Realos, auf den Bundesdelegiertenkonferenzen und innerhalb der Bundestagsfraktion. Schily gehörte zum Realo-Flügel der Partei, nahm aber dadurch, dass er linksliberal-ökologisch orientiert war, auch hier eine Sonderrolle ein.[299] In der Mitte der 1980er Jahre war noch nicht absehbar, welcher Flügel sich schließlich durchsetzen sollte. Für Schily waren diese Querelen sehr ärgerlich, da er um die Durchsetzung seiner Standpunkte sehr kämpfen musste. Es lässt sich sagen, dass Schily früher im Parlament angekommen war als seine grünen Parteifreunde. Von Beginn seiner parlamentarischen Karriere an fühlte sich Schily auf dem politischen Parkett wohl. Mit dem Einzug in den Bundestag hatte er ein Ziel erreicht. Im Gegensatz dazu war die Mehrheit der Grünen zuerst einmal als Mitglied einer Protestpartei in den Bundestag eingezogen. So wollten sie sich auch im Parlament verhalten und dort auf Missstände aufmerksam machen. Sie waren damit automatisch gegen fast alle Gesetzesinitiativen der anderen Parteien und betrieben daher eine strikte Opposition. Für *„Schily geht die Parlamentarisierung zu langsam, vielen Grünen geht sie zu schnell.“*[300]
Schily blickte schon weiter voraus in die Zukunft. Er wollte die Grünen regierungsfähig machen. Dadurch könnte er sich seinen lang gehegten Wunsch, einen Ministerposten zu erlangen, erfüllen und er erkannte außerdem, dass nur durch eine Regierungsbeteiligung die politischen Ziele der Grünen zu verwirklichen wären. Schily gefährdete damit aber die Existenz der Partei, da sie die Basis repräsentieren musste.[301] Schon 1983/84 versuchte Schily den Weg für Rot-Grün zu ebnen, wobei er jedoch damit seiner Zeit voraus war und auf erheblichen Widerstand bei den Grünen stieß, da sich diese nicht als Ergänzung zu den etablierten Parteien sahen, sondern als Alternative zu diesen.[302] In den 1980er Jahren war daher für Schily das

---

[298] Vgl.: Reinecke: Otto Schily. S. 234.
[299] Vgl.: Kleinert: Aufstieg und Fall der Grünen. S. 50.
[300] Reinecke: Otto Schily. S. 235.
[301] Vgl.: Ebd.
[302] Vgl.: Ebd. S. 229.

Maximale, was er bei den Grünen auf Bundesebene erreichen konnte, dass sich die Partei eine punktuelle Zusammenarbeit mit der SPD oder eine Tolerierung einer SPD-Regierung vorstellen konnte.[303] Das war jedoch weit weniger als Schily sich erhoffte. Trotz dieser Hindernisse und Rückschläge versuchte er weiterhin, den Kurs der Politik der Grünen zu bestimmen und sie als koalitionsfähig darzustellen. Der spektakulärste Versuch scheiterte 1987 und stellte die Grünen-Bundestagsfraktion vor ihre größte Zerreißprobe.[304] Schily unternahm mit anderen Grünen eine Israelreise, durch die die Grünen *„außenpolitisch auf einen regierungstauglichen Kurs gebracht werden"* sollten.[305] Das Verhältnis der Grünen zu Israel war in den 1980er sehr gespannt aufgrund des Nahost-Konflikts. Daher stellte diese Reise einen Versuch dar, die Grünen im Ausland als ernstzunehmende und demokratische Partei darzustellen. Mit einer Stimme Mehrheit hieß jedoch die Bundestagsfraktion diese Reise für nicht gut, da während des Besuchs auch rechtsextreme Siedler getroffen wurden.[306] Dies war ein herber Rückschlag für Schily, der sich um den Lohn seiner Arbeit gebracht sah. Alle seine Versuche und Anstrengungen während der Reise wurden mit einem Schlag zunichte gemacht.

Aber auch anderen Grundprinzipien der Grünen stand Schily ablehnend gegenüber. Zum Beispiel hielt er nichts von dem Rotationsprinzip der Bundestagsmandate, wie es bei den Grünen galt, da er als Rechtsanwalt kontinuierliche Arbeit zu schätzen weiß.[307] Aus seiner Sicht erschwerte es die Arbeit der Bundestagsabgeordneten erheblich, da eingearbeitete Abgeordnete durch Neulinge ersetzt wurden. Außerdem waren erfahrene Politiker Mangelware bei den Grünen in den 1980er Jahren und wenn diese dann rotieren mussten, saßen viele unerfahrene Grüne im Bundestag. Trotz dieser Vorbehalte hielt er sich jedoch an das Rotationsprinzip. Schily trat in den 1980er Jahren häufig als innerparteilicher Kritiker der Grünen auf und repräsentierte unterschiedliche Positionen im Vergleich zur Mehrheit der Partei. Er warf seiner Partei beispielsweise vor, dass sie kein schlüssiges Wirtschaftskonzept habe.[308] Dies stehe einer Verbreiterung der Parteibasis im Wege. Dazu gehörte aber auch seine Meinung zur deutschen Wiedervereinigung. Schily war, im Gegensatz zu den meis-

[303] Vgl.: Block/ Schulz: Die Anwälte Ströbele, Mahler, Schily. S. 258.
[304] Vgl.: Reinecke: Otto Schily. S. 279.
[305] Ebd.
[306] Vgl.: Ebd.
[307] Vgl.: Michels: Otto Schily. S. 133.
[308] Vgl.: Otto Schily: Vorwort. S. 10.

ten anderen Grünen, für die Wiedervereinigung Deutschlands.[309] Zu Beginn der 1980er Jahre vollzog Schily aber auch eine Wende in seiner eigenen Denkweise. Ab dieser Zeit entwickelten sich seine Standpunkte zu denen, die er ab 1998 als Bundesinnenminister repräsentierte.[310] Sichtbar wurde dies 1985 in der Debatte über die Haftbedingungen der RAF-Gefangenen, in der er sich von seiner eigenen Vergangenheit distanzierte, da er nun forderte, dass die volle Härte des Staates gegen die RAF eingesetzt werden müsse, wogegen er sich in Stammheim noch vehement gewehrt hatte.[311] Versucht man die Ursachen dieses Wandels zu erforschen ist festzustellen, dass sich Schily von seinen radikalen Positionen der 1960er und 1970er Jahre verabschiedet hatte. Dadurch wurden seine Standpunkte mehrheitsfähig und es gelang ihm, sich in der Öffentlichkeit anders darzustellen und sein Image zu korrigieren. Für seine weitere Karriere sah er in seiner Vergangenheit als RAF-Verteidiger ein Hindernis, das er hoffte durch die Distanzierung davon zu beseitigen. Dazu gehörte auch ein Wandel in seiner Rhetorik. Dieser Unterschied wird deutlich, wenn man Aussagen Schilys aus den Jahren 1977 und 1987 miteinander vergleicht. 1977 bezeichnete er die RAF als militante Gruppe und vermied es, ihre Mitglieder als Terroristen zu bezeichnen.[312] 1987 hingegen weigerte er sich, der Tageszeitung taz ein Interview zu geben, da diese die RAF als militante Gruppe bezeichnet hatte und nicht als Terroristen.[313] Dieser Vergleich zeigt deutlich die Veränderung, die Schilys Standpunkte zwischen den späten 1970er und 1980er Jahren durchlebten.

Für seine Parteifreunde in der Bundestagsfraktion der Grünen wurden diese Veränderungen ebenfalls deutlich. Gleichzeitig sah sich Schily aufgrund seines Verhaltens zusehends immer mehr Kritik ausgesetzt. Die ihm eigene Distanz kann auf andere sehr abweisend und arrogant wirken. Außerdem kann er *„sehr schroff, aufbrausend, herablassend sein. Teamwork ist nicht seine Stärke.“*[314] Damit schaffte er sich vor allem in einer Fraktion wie der der Grünen, die sich als Team gegen die etablierten Parteien sah, Feinde. Schily bemühte sich auch nicht, an seinem Verhalten etwas zu ändern und auf seine innerparteilichen Konkurrenten zuzugehen. Er ist nur bereit Kompromisse zu schließen, wenn es ihm für seine weitere Karriere nützt. Schily sortiert daher für sich nach wichtigen und unwichtigen Personen, wobei die Unwichti-

[309] Vgl.: Reinecke: Otto Schily. S. 291f.
[310] Vgl.: Ebd. S. 251.
[311] Vgl.: Reinecke: Otto Schily. S. 251f.
[312] Vgl.: Ebd. S. 252.
[313] Vgl.: Ebd.
[314] Ebd. S. 222.

gen nicht beachtet werden und er das diese Personen auch durch seine Körperhaltung und Gestik spüren lässt.[315] Durch ein solches Verhalten ist es offensichtlich, dass sich eine breite Front an innerparteilichen Gegnern bildete. Ein weiterer Grund dafür, dass er kaum kompromissbereit war, ist, dass sich Schilys Lebenssituation sehr von derjenigen der meisten anderen Grünen unterschied. Joschka Fischer war beispielsweise auf seine Parlamentszugehörigkeit angewiesen, da er ohne sie vor dem beruflichen Nichts stehen würde, wohingegen Schily als Rechtsanwalt beruflich erfolgreich war.[316] Fischer musste daher versuchen, Kontakte in der Partei zu knüpfen, um sich eine eigene Machtbasis aufzubauen. Ein solches Netzwerk besaß Schily nicht und betrachtete es auch nicht als notwendig. Mit diesem Verhalten brüskierte er viele Grüne und es scheint so, als ob sich Schily in der Rolle als Außenseiter in der eigenen Partei wohl fühlte. Auch seine Mitarbeiter behandelte er ähnlich von oben herab und forderte einen hohen Arbeitseinsatz von ihnen. Schily hat *„das Gefühl, es stehe ihm selbstverständlich zu, dass sich alles um ihn dreht. Er verletzt andere oft, ohne es zu wollen und zu merken. Denn er registriert sie nicht, nicht als Gleiche.“*[317] In diesem Zusammenhang wurden kleinere Verfehlungen Schilys aufgebauscht, die ihm zusätzliche Kritik innerhalb der Grünen-Fraktion einbrachten. Diese äußerte sich beispielsweise in der Fraktionssitzung am 7. Juni 1983. Hier wurde Schily, unter dem Beifall der Fraktion, dafür kritisiert, dass er sich von der Fahrbereitschaft des Bundestags zu Demonstrationen fahren ließ.[318] Mit Sicherheit freuten sich in diesem Zusammenhang auch einige Mitglieder der Grünen-Fraktion heimlich über diesen kleinen Fehltritt des sonst so auf Korrektheit bedachten Schily, von dem sie aufgrund von eigenen Handlungen, die diesem missfielen, häufig harsch kritisiert wurden.

Aber auch Schily selbst wurde immer unzufriedener mit seiner eigenen Partei. Schon zu Beginn seiner Zeit im Bundestag war erkennbar, dass der Wechsel in die Politik etwas völlig Ungewohntes für ihn war, da er zuvor nur seinem Mandant verpflichtet war und gegen alle anderen im Gerichtssaal kämpfen musste und er nun in einem Kollektiv arbeiten und alle anderen mit einbeziehen sollte.[319] *„Das harte politische Alltagsgeschäft – Seilschaften aufbauen, Kontakte in der Partei pflegen, Mehrheiten*

---

[315] Vgl.: Vgl.: Reinecke: Otto Schily. S. 216.
[316] Vgl.: Ebd. S. 221.
[317] Ebd. S. 286.
[318] Vgl.: Die Grünen im Bundestag. Quellen zur Geschichte des Parlamentarismus und der politischen Parteien. Erster Halbband. S. 179.
[319] Vgl.: Reinecke: Otto Schily. S. 215.

organisieren, Kompromisse aushandeln – ist seine Sache nicht.“[320] Hier besteht ein Zusammenhang zu der Rolle, die Schily schon seit Mitte der 1960er Jahre zuerst in der linken Szene Berlins, dann im Stammheim-Prozess und schließlich auch im Bundestag spielte. Er war jeweils 10-15 Jahre älter als die meisten anderen Mitglieder der jeweiligen Gruppierung und wurde dadurch und durch sein stets korrektes Auftreten auf der politischen Gegenseite ernst genommen, wodurch er in der Lage war, den Vermittler zwischen der Außerparlamentarischen Opposition, den RAF-Verteidigern und den Grünen auf der einen Seite und der bürgerlichen Mehrheit in der Bundesrepublik Deutschland zu spielen.[321] Aufgrund dieser Situation war Schily für beide Seiten wichtig. Beliebt war er dadurch bei seiner eigenen Partei aber nicht, da ihm seine Parteifreunde immer mit einer gewissen Skepsis begegneten. Daher war das Verhältnis der Grünen zu diesem Prominenten in den eigenen Reihen problematisch, sie wollten und brauchten ihn, aber sie hassten ihn auch.[322]

Die Zeit vom Einzug in den Bundestag 1983 bis zum Parteiwechsel zur SPD 1989 war geprägt durch Flügelkämpfe zwischen den Fundis und den Realos. Die grüne Bundestagsfraktion wurde von den Realos dominiert, da sie von den Erfahrungen der Parlamentsarbeit geprägt waren, womit aber die Basis der Grünen unzufrieden war und einen reinen Fundi-Parteivorstand wählte, was möglich war, da bei den Grünen eine *„strikte Trennung von Parteiamt und Parlamentsmandat“* praktiziert wurde.[323] Folglich konnte sich Schily auf den Bundesdelegiertenkonferenzen nicht durchsetzen und musste dort einige Enttäuschungen und Abstimmungsniederlagen ertragen. Seine Sekretärin Herta Parchent schilderte dies so: *„Der Montag nach dem (sic!) Parteitagen … war immer furchtbar. Die Realos hatten verloren, die Stimmung war schlecht.“*[324] Aber auch in der Bundestagsfraktion erlitt Schily Niederlagen. Er unterlag mehrmals bei den Wahlen zum Fraktionsvorstand, aber auch bei der Abstimmung darüber, wer die wichtige Antwortrede auf die Regierungserklärung der Regierung Kohl halten durfte.[325] Daniel Cohn-Bendits Schlussfolgerung in Bezug auf Schilys Stellung bei den Grünen trifft den Kern, wenn er sagt, dass Schily *„bei den Grünen einsam“* war und *„er war nicht in der Lage, das zu ändern und neue Mehrhei-*

---

[320] Vgl.: Reinecke: Otto Schily.. S. 242.
[321] Vgl.: Ebd. S. 241.
[322] Vgl.: Ebd. S. 219.
[323] Block/ Schulz: Die Anwälte Ströbele, Mahler, Schily. S. 259.
[324] Reinecke: Otto Schily. S. 226.
[325] Vgl.: Ebd. S. 220.

ten für seine Positionen zu organisieren.“[326] Der letzte Auslöser für Schilys Bruch mit den Grünen erfolgte dann im Vorfeld der Bundestagswahl 1990. Ende Oktober 1989 stellte der Landesverband Nordrhein-Westfalen Schily nicht mehr als Kandidaten für die nächste Bundestagswahl auf, da die grünen Statuten dies so vorsahen und bot ihm als Alternative an, dass er für den Landtag kandidieren, sich eine andere Landesliste suchen oder für ein Parteiamt kandidieren könne, was Schily alles nicht wollte.[327] Schily sah seine weitere politische Karriere in Gefahr. Für ihn war völlig ausgeschlossen für den Landtag zu kandidieren, da er damit aus der bundesweiten Öffentlichkeit verschwinden und er sein Fernziel, Minister zu werden, aus den Augen verlieren würde. Die Möglichkeit, sich über eine andere Landesliste erneut in den Bundestag wählen zu lassen, bestand zwar, aber die Gefahr war durchaus vorhanden, dass die anderen Landesverbände ihn nicht auf einen sicheren Listenplatz setzen wollten. Gerade dabei spielte die Hausmacht, die Schily bei den Grünen sowieso nicht und dann schon gar nicht in einem ihm fremden Landesverband hatte, eine sehr große Rolle. Auch der Vorschlag für ein Parteiamt zu kandidieren, kam für ihn nicht in Frage, da die zahlreichen innerparteilichen Abstimmungsniederlagen noch viel zu frisch waren, als das er sich ernsthafte Hoffnungen gemacht hätte, auf einer Bundesdelegiertenkonferenz in den Vorstand gewählt zu werden. Aus diesen Gründen musste er sich nach einer Alternative umsehen, wie es ihm möglich wäre, seine weitere Karriere voranzutreiben.

4.2 Christian Ströbele als Nachrücker im Bundestag und seine Konzentration auf die Berliner Landespolitik

Christian Ströbele engagierte sich nach seiner Zeit als RAF-Verteidiger wieder verstärkt in der linken Szene Berlins. Populär wurden Ende der 1970er und zu Beginn der 1980er Jahre vor allem die Anti-Atomkraft- und die Friedensbewegung. Damit verbunden war ein Wertewandel vom Materialismus zum Postmaterialismus.[328] Ströbele konnte sich mit dieser Bewegung identifizieren. Gleichzeitig war er davon fasziniert, dass es der Anti-Atomkraft- und der Friedensbewegung gelang, im Vergleich zur außerparlamentarischen Opposition in den 1960er Jahren, viel mehr

[326] Vgl.: Reinecke: Otto Schily. S. 234.
[327] Vgl.: Ebd. S. 287.
[328] Vgl.: Manfred G. Schmidt: Das politische System Deutschlands. Institutionen, Willensbildung und Politikfelder. München 2007. S. 94.

Menschen zu Demonstrationen auf die Straße zu bringen.[329] Daran erkannte er auch, dass ein bedeutendes Wählerpotential für eine Partei, die diese Ziele vertreten würde, vorhanden wäre. Aus diesem Grund entschloss sich Ströbele bei der Gründung der Alternativen Liste für Demokratie und Umweltschutz am 5. Oktober 1978 in Westberlin mitzumachen.[330] Diese Alternative Liste erhielt bei den Senatswahlen in Berlin 1979 aus dem Stand 3,7% der Wählerstimmen und wurde ab 1980 zu einem offiziellen Landesverband der Grünen.[331] Ströbele betätigte sich zunächst vor allem bei der Alternativen Liste und trat kaum auf Bundesebene in Erscheinung. Er engagierte sich vor allem in der Rechtsberatung der Partei. Gleichzeitig war er eng mit der Tageszeitung taz verbunden, die er finanziell und auch durch seine Rechtsberatung unterstützte.[332] Seine Fähigkeiten als Rechtsanwalt waren in der Alternativen Liste und bei deren Unterstützer erneut sehr gefragt, da es nicht viele Rechtsanwälte mit dieser politischen Ausrichtung in Berlin gab. Dies war auch eine Möglichkeit für Ströbele, seinen Einfluss in der Partei auszubauen.

Dabei war er so erfolgreich, dass er für den Bundestagswahlkampf der Grünen 1983 nominiert wurde. Die Alternative Liste errang ein Bundestagsmandat für die Grünen in Berlin und Ströbele wurde aufgrund des Rotationsprinzips der Nachrückkandidat, der von 1985 bis 1987 im Bundestag sitzen sollte. Wie abgesprochen trat er sein Mandat am 31. März 1985 als Nachfolger von Dirk Schneider an.[333] Als Ströbele in den Bundestag einzog, war das Klima dort von der Feindseligkeit der anderen Parteien ihm gegenüber geprägt, da ihm seine Vergangenheit als Terroristenanwalt und seine Verurteilung wegen des Info-Systems vorgehalten wurde.[334] Damit wurde er von einer Mehrheit des Parlaments beinahe als Staatsfeind, aber zumindest als im Bundestag unerwünschte Person angesehen. Dieses Arbeitsklima machte es Ströbele nicht leicht. Trotzdem gelang es ihm, Akzente im Bundestag zu setzen. Die Grünen-Fraktion wählte ihn bei ihrer Klausursitzung am 29./30. Januar 1985 in den Innenausschuss des Bundestags, in dem er für den Bereich Recht zuständig war.[335] Da dies ja sein Spezialgebiet ist, war es ihm möglich, durch seine Kompetenz sein Image zu verbessern und gleichzeitig die Grünen-Fraktion gut zu vertreten. Trotzdem

---

[329] Vgl.: Block/ Schulz: Die Anwälte Ströbele, Mahler, Schily. S. 227f.
[330] Vgl.: Ebd. S. 234.
[331] Vgl.: Ebd.
[332] Vgl.: Block/ Schulz: Die Anwälte Ströbele, Mahler, Schily. S. 232f.
[333] Vgl.: Die Grünen im Bundestag. Quellen zur Geschichte des Parlamentarismus und der politischen Parteien. Erster Halbband. S. LXIV.
[334] Vgl.: Block/ Schulz: Die Anwälte Ströbele, Mahler, Schily. S. 255.
[335] Vgl.: Die Grünen im Bundestag. Quellen zur Geschichte des Parlamentarismus und der politischen Parteien. Zweiter Halbband. S. 745.

trat Ströbele in seiner ersten Legislaturperiode nach außen kaum in Erscheinung. Jedoch hatte er intern einen großen Einfluss auf die Grünen-Fraktion. Ihm war die Parlamentsarbeit sehr wichtig und daher war ihm auch ein Dorn im Auge, dass sich die Grünen-Fraktion aus seiner Sicht den etablierten Parteien immer mehr anpassen würde und nur noch auf die Regierungsübernahme an der Seite der SPD warte.[336] Da er die ersten beiden Jahre der Legislaturperiode nicht Mitglied des Bundestags war, konnte er diese aus einer gewissen Distanz beobachten. Daher erkannte er die Diskrepanz zwischen den Zielen und dem Verhalten der Grünen beim Einzug in den Bundestag 1983 und ihrem Auftreten zwei Jahre später. Deutlich äußerte Ströbele diese Kritik während der Klausursitzung der Grünen-Fraktion am 29./30. August 1985. Hier kritisierte er seine Parteifreunde dafür, dass sie selten im Plenum anwesend seien und dadurch eine Überrumpelungschance auslassen würden, die etablierten Parteien zu ärgern und deren Vorschläge abzulehnen, da von diesen oft auch viele Parlamentarier fehlen würden.[337] Er erhoffte sich dadurch, dass die anderen Parteien ihre Fraktionen auch zahlreich erscheinen lassen müssten, um ihre Abstimmungssiege abzusichern. Damit würde die Parlamentsarbeit eine deutliche Wertsteigerung erfahren. Dass die Chance, der Regierung tatsächlich eine Abstimmungsniederlage beizubringen, äußerst gering war, war ihm auch klar. Ströbele verfolgte ein höheres Ziel und zwar eine Imageverbesserung für die Grünen in der Öffentlichkeit. Mit einer Aufwertung der reinen Parlamentsarbeit sollte die Bevölkerung erkennen, dass die Grünen ihre Wähler ernst nehmen und einen frischen Wind ins Parlament bringen. *„Nur wenn wir in Bonn die besseren Parlamentarier oder besser die einzigen Parlamentarier sind, die das ernst nehmen, was repräsentative Demokratie sein soll, nur wenn wir die parlamentarischen Spielregeln beherrschen und offensiv, auch aggressiv benutzen, werden wir gehört. Still und leise einfach nicht hingehen, provoziert in der Öffentlichkeit die Reaktion, die sind auch nicht besser als die anderen.“*[338] Ströbeles Meinung fand teilweise Zustimmung in der Grünen-Fraktion und sein Antrag, dass bei Bundestagsdebatten immer mindestens die Hälfte der Fraktion im Plenum anwesend sein solle, wurde so angenommen, dass dies zumindest bei wichtigen Themen der Fall sein sollte.[339]

[336] Vgl.: Die Grünen im Bundestag. Quellen zur Geschichte des Parlamentarismus und der politischen Parteien. Zweiter Halbband. S. 809.
[337] Vgl.: Ebd. S. 808.
[338] Ebd. S. 810.
[339] Vgl.: Ebd. S. 806.

Nach seinem Ausscheiden aus dem Bundestag 1987 widmete sich Ströbele wieder verstärkt der Berliner Landespolitik. Hier spielte er vor allem nach der Senatswahl 1989 eine wichtige Rolle. Obwohl er kein Mitglied des Senats war, kam ihm eine zentrale Rolle als Vermittler bei den Koalitionsverhandlungen der Alternativen Liste mit der SPD zu.[340] Sein Vorteil war, dass er die Grenzen der SPD-Verhandlungsbereitschaft realistisch einschätzen konnte. Darum wurde er zum Verhandlungsführer der Alternativen Liste und es gelang ihm, gegen alle innerparteilichen Widerstände bei der Alternativen Liste die Zustimmung zur Koalition mit der SPD durchzusetzen.[341] Ein Vorteil auf dem Weg dahin war, dass der Verhandlungsführer der SPD in diesen Koalitionsgesprächen Klaus Eschen, der frühere Mitbegründer des Sozialistischen Anwaltskollektivs, war. Hier zeigte sich, dass Ströbele, obwohl er zu den linken Grünen gehörte, trotzdem eine Regierungsbeteiligung seiner Partei für machbar hielt. Treffend formulierte diese Sichtweise Günter Bannas 1990 in der Frankfurter Allgemeinen Zeitung: *„Ströbele verfügt über eine Rhetorik, die dem Wunsch der Grünen nach radikalen Wendungen entspricht, zugleich aber ihrem Willen, sich auf die Erfordernisse der Wirklichkeit einzustellen.“*[342]

4.3 Unterschiede und Gemeinsamkeiten

In den 1980er Jahren entwickelten sich die Karrieren von Otto Schily und Christian Ströbele unterschiedlich. Ein wichtiger Grund dafür ist in ihrer Vergangenheit zu sehen. Schily hatte sich auch beim politischen Gegner Respekt verschafft. Ströbele wurde hingegen, auch aufgrund seiner Verurteilung wegen des Info-Systems, immer noch als Terroristenanwalt gesehen. Schily wollte nicht mehr mit seiner Vergangenheit als RAF-Verteidiger konfrontiert werden und sah diese Zeit als ein abgeschlossenes Kapitel seines Lebens an. Ströbele hingegen engagierte sich nach wie vor dafür, dass die politischen Ziele der RAF nicht falsch gewesen seien, sondern nur der Versuch, diese mit Gewalt umzusetzen. Zu sehen war dies in der Vehemenz, mit der er in den 1980er Jahren weiterhin die aus seiner Sicht einseitige Darstellung der RAF in den Medien bekämpfte. Zum Beispiel kritisierte Ströbele Stefan Aust in aller Deutlichkeit dafür, dass er sich in seinem Buch *„Der Baader-Meinhof-Komplex“* zu sehr auf Akten des Bundeskriminalamtes stütze, die sich auf unglaubwürdige Zeugen

---

[340] Vgl.: Block/ Schulz: Die Anwälte Ströbele, Mahler, Schily. S. 255f.
[341] Vgl.: http://www.spiegel.de/spiegel/print/d-13493742.html (letzter Zugriff: 13.12.2010).
[342] Günter Bannas: Willig folgen die Grünen Ströbele. In: Frankfurter Allgemeine Zeitung vom 24.09.1990.

bezögen.[343] Wie weiter oben schon erwähnt, sprach er hier aus eigener Erfahrung, da er es mit dem zweifelhaften Zeugen Ruhland bereits während des zweiten Prozesses gegen Horst Mahler zu tun hatte. Schon in den 1980er Jahren unterschied sich also der Umgang mit der gemeinsamen Vergangenheit als RAF-Verteidiger fundamental. Ein weiterer Unterschied bestand beispielsweise darin, dass Ströbele zudem stärker in der Landespolitik verwurzelt war und somit nicht so stark in der bundesweiten Öffentlichkeit im Blickpunkt stand wie Schily. Schily hingegen hatte einerseits einige Probleme mit der Alternativen Liste in Berlin, die er häufig kritisierte und der er unterstellte, kommunistisch unterwandert zu sein. Andererseits war auch Schily nicht besonders beliebt bei der Alternativen Liste, was daran zu sehen ist, dass er für die Senatswahl 1981 nur einen hinteren Listenplatz zugeteilt bekam. Hinzu kam noch, dass Schily sein Augenmerk auf seine Karriere im Bund mit Fernziel Ministerposten legte.

Zunächst waren jedoch sowohl Schily als auch Ströbele auf dem Gründungskongress der Grünen am 12./13. Januar 1980 in Karlsruhe anwesend, dessen Ziel es war, eine Partei aufzubauen, die in der Lage war, bei der Bundestagswahl im Herbst 1980 mit Erfolgschancen anzutreten.[344] Beide erkannten, dass sie trotz kleinerer Erfolge kaum Einfluss auf den staatlichen Apparat erringen konnten und diese Parteigründung für sie nun die Möglichkeit darstellte, die gesellschaftlichen Veränderungen, die sie sich wünschten und die sie mit einer gegen Ende der 1970er Jahre immer stärker werdenden Protestbewegung verband, in die Tat umzusetzen.[345] Für eine große Mehrheit der Grünen war es in den 1980er Jahren der Wunsch, eine zu den etablierten Parteien gegensätzliche Partei zu bilden und eine wachsame Opposition zu betreiben. Eine Regierungsbeteiligung schien für sie außer Reichweite, aber auch nicht wünschenswert. Sowohl Schily als auch Ströbele sahen dies anders und gehörten damit zu einer Minderheit in ihrer Partei. Trotz aller Unterschiede waren beide für eine Regierungsbeteiligung der Grünen an der Seite der SPD. Schily scheiterte in den 1980er Jahren mit dem Versuch, die Grünen auf Bundesebene auf seinen Kurs zu bringen. Ihm gelang es dadurch jedoch künftig wertvolle Kontakte zu SPD-Politikern, wie dem späteren Bundeskanzler Gerhard Schröder, zu knüpfen. Ströbele hingegen war auf Landesebene 1989 erfolgreich und spielte bei der Bildung

[343] Vgl.: 3 nach 9: Aust, Ströbele u. a.
[344] Vgl.: Block/ Schulz: Die Anwälte Ströbele, Mahler, Schily. S. 235.
[345] Vgl.: Joachim Hirsch: Zwischen Fundamentalopposition und Realpolitik. Perspektiven eines alternativen Parlamentarismus. In: Wolfgang Kraushaar: Was sollen die Grünen im Parlament? Frankfurt am Main 1983. S. 56-67. Hier: S. 56.

einer Rot-Grünen Regierung in Berlin als Verhandlungsführer der Alternativen Liste eine entscheidende Rolle. Die Grünen waren in dieser Frage gespalten. Aber auch die SPD steckte in einem Zwiespalt, da sie in den Grünen nicht nur einen möglichen Mehrheitsbeschaffer sah, sondern auch eine Konkurrenzpartei, die ihr die Wählerstimmen wegnähme.[346] Diese beiderseitigen Faktoren führten dazu, dass auf Bundesebene in den 1980er Jahren stets ein angespanntes Klima zwischen Grünen und SPD herrschte.

Dazu trug auch bei, dass die Grünen häufig mit innerparteilichen Streitigkeiten beschäftigt waren. Schon auf dem Gründungskongress 1980 traten Meinungsverschiedenheiten zu Tage, die sich im Laufe der 1980er Jahren zu regelrechten Flügelkämpfen zwischen Fundis und Realos ausweiteten. Hier wurde auch ein deutlicher Unterschied in der politischen Meinung zwischen Ströbele und Schily sichtbar. Erstgenannter zählte sich zwar zum linken Parteiflügel, er war aber nicht den Fundis zuzuordnen, sondern stand eher zwischen beiden Parteiflügeln. Der grüne Bundestagsabgeordnete und spätere Staatsminister im Auswärtigen Amt, Ludger Volmer, schilderte Ströbeles Rolle so, dass er zunächst aufgrund dieser Zwischenstellung als unberechenbarer Außenseiter galt, sich dies aber später wandelte, diese Zwischenstellung als Chance und er gegen Ende der 1980er Jahre als Integrationsfigur angesehen wurde.[347] Zweitgenannter war den Realos zuzurechnen. Aber auch bei diesen war er nicht unumstritten. Aufgrund seiner Kleidung und seines bürgerlichen Auftretens galt er als elitär, distanziert und arrogant.[348] Wiederum Volmer brachte diese Kritik treffend auf den Punkt, wenn er durch Schilys Kleidung und Auftreten die Gefahr einer zu großen Anpassungsfähigkeit an die Konservativen sah und befürchtete, dass dadurch die Solidarität zur eigenen Partei verloren ging.[349] Zunächst einmal ist unerheblich, inwieweit diese Gefahr zu Beginn der 1980er Jahre schon bestand, sondern allein durch Schilys Verhalten war diese Furcht bei den Grünen vorhanden. Dies ist einer der Gründe, warum Schily bei den Grünen mit Skepsis gesehen wurde. Hinzukam, dass sich Schily in dieser Sonderrolle sichtlich wohl fühlte. Durch sie war gewährleistet, dass die Medien nie das Interesse an seiner Person verloren. Diese Rolle pflegte er auch, indem er nicht vor Kritik an der eigenen Partei zurückschreckte. Manchmal schoss Schily dabei aber auch über

[346] Vgl.: Ebd. S. 61.
[347] Vgl.: Block/ Schulz: Die Anwälte Ströbele, Mahler, Schily. S. 257.
[348] Vgl.: Ebd. S. 258.
[349] Vgl.: Ebd. S. 257.

das Ziel hinaus. Unter anderem kam es auch zum Konflikt mit Ströbele. Als dieser 1989 die Koalitionsverhandlungen der Alternativen Liste mit der SPD in Berlin führte, äußerte Schily öffentlich, dass die SPD hart bleiben und nicht zu viele Zugeständnisse machen solle.[350] Damit fiel er seinem Parteifreund in aller Öffentlichkeit in den Rücken und erschwerte auch noch dessen Verhandlungsposition in den schwierigen Koalitionsgesprächen mit der SPD. Ströbele war darüber verständlicherweise gar nicht erfreut und antwortete darauf, dass er Schily *„inhaltlich kaum noch folgen"* könne und er dessen Verhalten als *„gelinde gesagt, nicht fair"* bezeichnete.[351] Diese Geschehnisse kurz vor Schilys Parteiwechsel zur SPD zeigen deutlich, dass er innerlich schon mit den Grünen abgeschlossen hatte. Er selbst konnte sich mit den Grünen nicht mehr identifizieren, aber auch diese nicht mehr mit ihm. Ströbele stand hier stellvertretend für eine große Mehrheit der Grünen. Trotzdem gab es dazu unterschiedliche Meinungen innerhalb der Grünen. Manche weinten Schily keine Träne nach, hielten sein Verhalten schlicht für Verrat und wiederum andere bedauerten seinen Parteiwechsel.[352] Letztlich war der Schritt konsequent, da sich Schily bei den Grünen immer unverstandener fühlte.

[350] Vgl.: http://www.spiegel.de/spiegel/print/d-13493742.html (letzter Zugriff: 13.12.2010).
[351] http://www.spiegel.de/spiegel/print/d-13493742.html (letzter Zugriff: 13.12.2010).
[352] Vgl.: Block/ Schulz: Die Anwälte Ströbele, Mahler, Schily. S. 266.

5 Meinungsverschiedenheiten und unterschiedliche Entwicklung während der 1990er und 2000er Jahre

5.1 Otto Schily

5.1.1 Parteiwechsel zur SPD 1989 und Krise zu Beginn der 1990er Jahre

Am 2. November 1989 trat Otto Schily von den Grünen zur SPD über und legte gleichzeitig sein Bundestagsmandat für die Grünen nieder.[353] Als Auslöser für diesen Schritt sind mehrere Gründe zu nennen. Grundsätzlich war Schily unzufrieden mit der Situation innerhalb der Grünen. Die andauernden Flügelkämpfe zwischen Fundis und Realos kosteten ihn Kräfte, verhinderten eine effektive Opposition im Bundestag und standen einer Regierungsbeteiligung der Grünen auf Bundesebene im Wege. Für Schily waren daher auch seine Meinungsverschiedenheiten mit den Fundis einer der Hauptgründe für seinen Parteiwechsel 1989. Durch Kritik an den Fundis begründete er auch seinen Übertritt zur SPD. *„Ich will durchaus Teilen der grünen Partei attestieren, dass sie eine praxisnahe Politik machen, aber das Problem der Grünen steckt in dem ideologischen Ballast, den sie in Form einer bestimmten Gruppe innerhalb ihrer Partei mit sich herumschleppen."*[354] So äußerte sich Schily kurz nach seinem Parteiwechsel. Aus seiner Sicht war der linke Parteiflügel der Grünen nicht regierungsfähig und auf Totalopposition eingestellt. Zusätzlich bestand dieser ideologische Ballast daraus, dass ein Teil der Grünen das Rechtsstaatsprinzip weiterhin als nicht wichtig ansah.[355] Diese drei Punkte führten dazu, dass die Grünen nach wie vor keine etablierte Partei darstellten und Schily seine Ziele, Regierungsbeteiligung an der Seite der SPD und die Erringung eines Ministerpostens für sich selbst, in naher Zukunft nicht erreichen konnte. Ein Mitgrund für seinen Übertritt zur SPD war also auch, dass er bei den Grünen keine Chance sah, seiner Karriere neuen Schwung zu verleihen.[356] Hinzukam, dass Schily mittlerweile durch verschiedene, schon geschilderte, Ereignisse zu einem Außenseiter innerhalb der Grünen geworden war. Selbst wenn die Grünen regierungsfähig werden würden, gäbe es für ihn keine Garantie, dass er dann auch an der Regierung beteiligt würde, da sich

[353] Vgl.: Block/ Schulz: Die Anwälte Ströbele, Mahler, Schily. S. 262.
[354] Ebd.
[355] Vgl.: Michels: Otto Schily. S. 137.
[356] Vgl.: http://www.stern.de/politik/deutschland/gruenen-jubliaeum-otto-schily-ueber-seine-gruene-vergangenheit-615300.html (letzter Zugriff: 31.01.2011).

dagegen mit Sicherheit Widerstände innerhalb der Partei formieren würden. Ein weiterer Grund für Schilys Parteiwechsel war, dass er bei der SPD seine Karriere im Bundestag fortsetzen konnte, was bei den Grünen, wie bereits analysiert, sehr fraglich war. Viele seiner bisherigen innerparteilichen Gegenspieler warfen ihm daher auch nacktes Karrieredenken vor, wenn sie auf Schilys Parteiwechsel angesprochen wurden. Stellvertretend für diese Meinung stand Jutta Ditfurths Aussage, die ihm unterstellte, *„dass es ihm nur darum gegangen sei, ein drittes Mal in den Bundestag einzuziehen, was bei den Grünen ... nicht möglich gewesen wäre."*[357] Ditfurth stand damit für die vor allem bei dem Fundi-Flügel der Grünen vorherrschende Meinung. Für Schily selbst stellte der Übertritt zur SPD gleichzeitig die Chance dar, in einer staatstragenden Partei mitzuarbeiten.[358] Dadurch stiegen seine Aussichten auf eine Regierungsbeteiligung seiner Partei und seine Hoffnung auf einen Ministerposten in der Bundesregierung massiv an. Auch politisch hatte sich Schily bei den Grünen zunehmend unwohl gefühlt. Aus diesen Gründen war Schily nach seinem Parteiwechsel entspannt wie lange nicht und schien endlich angekommen zu sein.[359] Zunächst erweckte sein Auftreten den Eindruck, dass er alles richtig gemacht habe und er glücklich mit seiner Entscheidung sei.

Schon bald erkannte er aber, dass der Parteiwechsel nicht nur Vorteile mit sich brachte. Seine Glaubwürdigkeit in der Öffentlichkeit litt unter diesen Vorgängen, da er das Image eines Überläufers bekam. Weit schwerer wog jedoch die Tatsache, dass er in der SPD neu anfangen musste und dort nicht sofort zur Führungsebene gehörte. Für Schily war es eine völlig neue Erfahrung, dass er nun nur noch einer unter vielen war und er keine Führungsrolle spielte. Zu sehen war dies auch daran, dass er in den Medien kaum noch Schlagzeilen erhielt, einfach weil er als SPD-Mitglied nicht so interessant war und dort keine solche Besonderheit darstellte, wie es bei den Grünen noch der Fall war.[360] Überschattet wurde sein Start bei der SPD zusätzlich durch ein Vorkommnis am Abend des 18. März 1990 nach der letzten DDR-Volkskammerwahl. Auf die Frage nach dem Grund für die Niederlage der SPD, hielt Schily stumm grinsend eine Banane hoch, womit er zeigen wollte, dass die Allianz für Deutschland nur deshalb gewählt wurde, weil die Ostdeutschen Sehnsucht nach Konsum und Südfrüchten hatten.[361] Für dieses Verhalten entschuldigte er

---

[357] Block/ Schulz: Die Anwälte Ströbele, Mahler, Schily. S. 262.
[358] Vgl.: Michels: Otto Schily. S. 153.
[359] Vgl.: Reinecke: Otto Schily. S. 294.
[360] Vgl.: Ebd. S. 296.
[361] Vgl.: Block/ Schulz: Die Anwälte Ströbele, Mahler, Schily. S. 267.

sich später im Bundestag und er beteuert auch noch 20 Jahre später, dass ihm dieses Vorkommnis Leid tue.[362] Trotzdem war der Imageschaden geschehen und der arrogante Eindruck, der entstanden war, konnte nicht so ohne weiteres verwischt werden. Er war auf dem besten Weg, auch in seiner neuen Partei sofort zum Außenseiter zu werden. Diese Situation war schwierig für jemanden, der davon überzeugt war, dass er bei einer Regierungsübernahme der SPD einen Ministerposten verdient hätte. Immerhin gelang es ihm, sein Minimalziel, den Wiedereinzug in den Bundestag 1990, zu erreichen. Schily bekam einen Wahlkreis in Bayern und zusätzlich aufgrund seiner Prominenz und seines guten Rufes einen sicheren Listenplatz.[363] Dies war aber auch nur die halbe Wahrheit. Im Grunde war die Kandidatur in Bayern auch nur eine Notlösung, da Schily in Berlin keinen sicheren Wahlkreis oder Listenplatz bekommen konnte.[364] Dies zeigte auch, dass es innerhalb der SPD starke Widerstände und Vorbehalte gegen diesen Neuzugang gab. Die einen waren froh, dass sie einen Mann mit den Fähigkeiten Schilys nun in den eigenen Reihen hatten und die anderen sahen in ihm eine Gefahr für den Zusammenhalt der Partei und betrachteten seinen Wandel vom Grünen- zum SPD-Mitglied skeptisch.
Aus diesen Gründen verlief der Aufstieg Schilys bis zum Bundesinnenminister 1998 zunächst schleppend. Die erste Legislaturperiode, in der er für die SPD im Bundestag saß, war geprägt von Niederlagen. In diesen vier Jahren war er ein Hinterbänkler in der SPD-Fraktion und hielt in dieser Zeit im Bundestag auch nur zwei Reden.[365] Hinzu kamen innerparteiliche Niederlagen. Auf dem SPD-Parteitag 1991 in Bremen kandidierte Schily für den Parteivorstand, was in einer schlimmen Niederlage endete, da er nur 126 von 484 Stimmen erhielt und damit mit weitem Abstand das schlechteste Ergebnis aller Kandidaten erzielte.[366] Zu Beginn der 1990er Jahre geriet Schily in der SPD auch in die Kritik, weil er sich vermehrt auf seine Rechtsanwaltstätigkeiten konzentrierte und dabei Mandanten übernahm, die die SPD politisch bekämpfte. Dazu gehörten 1992 die Verteidigung des früheren SED-Bürgermeisters von Dresden, Wolfgang Berghofer, wodurch sich Schily bei der ostdeutschen SPD extrem unbeliebt machte oder die Verteidigung des Waffenschmugglers Richard Müller.[367] Auf diese Weise blieb Schily in der Öffentlichkeit präsent, aber beide Prozesse

---

[362] Vgl.: Block/ Schulz: Die Anwälte Ströbele, Mahler, Schily. S. 267
[363] Vgl.: Ebd. S. 262/266f.
[364] Vgl.: Reinecke: Otto Schily. S. 295.
[365] Vgl.: Block/ Schulz: Die Anwälte Ströbele, Mahler, Schily. S. 267.
[366] Vgl.: Reinecke: Otto Schily. S. 300.
[367] Vgl.: Reinecke: Otto Schily. S. 305.

erlangten nicht die Bedeutung des Stammheim-Prozesses in den 1970er Jahren. Schily stand nicht so sehr im Mittelpunkt, wie er es gewohnt war. Gleichzeitig war er im Vergleich zu den 1970er Jahren als RAF-Verteidiger nun Vertreter einer Partei und saß für diese auch im Bundestag. Trotzdem nahm er auf diese kaum Rücksicht und verhielt sich, wie in Stammheim, so als ob er sich in einem Kampf einer gegen alle befinden würde. Dadurch schaffte sich Schily bedeutende Gegenspieler in der eigenen Partei. Zu diesen Kritikern gehörten beispielsweise die SPD-Fraktionsvorsitzenden im Bundestag Hans-Jochen Vogel bis 1991 und Hans-Ulrich Klose bis 1994, die Schily größtenteils ignorierten und damit für eine Stagnation der politischen Karriere Schilys sorgten.[368] Schon kurz nach Schilys Parteiwechsel traten also schon ähnliche Probleme auf wie bei den Grünen in den 1980er Jahren. Zu diesen gehörte auch Schilys bekannte Abneigung gegenüber der Wahlkreisarbeit, was dazu führte, dass er keine Wohnung im Wahlkreis besaß und bei Wahlkreisveranstaltungen arrogant wirkte.[369] Beides kam bei der Parteibasis gar nicht gut an. Diese Stimmung in seinem Wahlkreis beinhaltete für Schily die Gefahr, dass seine Kandidatur für die nächste Bundestagswahl 1994 nicht gesichert war. Schily verschärfte diese Gefahr sogar noch, indem er sich politisch für Ziele einsetzte, die in der bayerischen SPD äußerst umstritten waren. Hauptsächlich zu nennen ist hier Schilys Ja zur Grundgesetzänderung wegen des Asylrechts 1993. Diese Zustimmung war ein Dokument für Schilys Wandel vom Linksliberalen, dessen wichtigstes Gut die Bürgerrechte sind, zum Konservativen, der aufgrund seines unerschütterlichen Glaubens an den Rechtsstaat, diesem Staat mehr Rechte zugestehen wollte.[370] Damit machte er sich aber im linken bayerischen Landesverband sehr unbeliebt, musste einiges an Kritik einstecken und schaffte es daher auch nur knapp, sich einen sicheren Listenplatz für die Bundestagswahl 1994 zu sichern.[371] Wäre diese knappe Entscheidung zu Ungunsten Schilys ausgegangen, hätte dies vermutlich das Ende seiner politischen Karriere bedeutet. Gleichzeitig zeigen diese Vorgänge deutlich, in welcher Situation sich Schily 1994 befand. Er fühlte, dass er in der für ihn richtigen Partei angekommen war, die SPD schien dies aber nicht zu erkennen und schätzen zu wissen. Schily war es, wie auch schon bei den Grünen, nicht gelungen, sich eine Machtbasis zu schaffen und Verbündete zu finden. So wurde Schily von einer

[368] Vgl.: Michels: Otto Schily. S. 162.
[369] Vgl.: Reinecke: Otto Schily. S. 299.
[370] Vgl.: Ebd. S. 315.
[371] Vgl.: Ebd. S. 311.

Mehrheit der SPD sehr kritisch gesehen. Die Süddeutsche Zeitung schilderte dies folgendermaßen: *„Er sitzt bei der SPD zwischen allen Stühlen: Für viele rechte, staatsfixierte Sozialdemokraten, denen er politisch in vielem näher kommt, ist er ‚keiner von uns', für viele linksliberale, staatskritische SPDler, für den Ökopax-Flügel, bewegt er sich politisch in die falsche Richtung."*[372] Schily konnte keinem Parteiflügel zugeordnet werden und daher war auch nicht immer klar, für welche politischen Ziele er stand. Deshalb befand sich Schily zu Beginn der 1990er Jahre in einer tiefen politischen Krise. Aus dieser gelang es ihm auch lange Zeit nicht, sich zu befreien. Sie fand erst ihr Ende, als Rudolf Scharping nach der Bundestagswahl 1994 SPD-Fraktionsvorsitzender wurde und Schily zurück ins Rampenlicht holte.[373]

5.1.2 Wiederaufstieg und Bundesinnenminister

Durch Scharpings Unterstützung wurde Schily in der Legislaturperiode von 1994 bis 1998 zu einem von sechs stellvertretenden Vorsitzenden der SPD-Fraktion gewählt.[374] Damit war Schily in der Führungsspitze der SPD-Fraktion angekommen. Aus dem Hinterbänkler der vorherigen Legislaturperiode wurde wieder der einflussreiche Politiker. Diesen Wandel hatte er zu einem großen Teil Scharping zu verdanken und dies war ihm durchaus auch bewusst. Als 1995 *„in der Partei gestritten wird, ob Schröder oder Scharping 1998 gegen Kohl antreten soll, votiert er, gegen alle Meinungsumfragen, eisern für Scharping. Denn Schilys Egomanie hat Grenzen: Er ist loyal zu seinen Chefs, vor allem wenn sie ihm aus dem Abseits geholfen haben."*[375] Diese Einstellung verhinderte jedoch nicht, dass Schily später in das Kabinett Schröder eintrat. Auch Gerhard Schröder war seit der gemeinsamen Zeit im Flick-Untersuchungsausschuss von Schilys Fähigkeiten überzeugt. Ein zweiter Grund für Schilys Wiederaufstieg Mitte der 1990er Jahre hing mit der politischen Situation in der Bundesrepublik zusammen. Das alles beherrschende Thema der Legislaturperiode 1994 bis 1998 stellte der so genannte Große Lauschangriff dar. So wurde eine Gesetzesinitiative der Regierung Kohl genannt, die es dem Staat zum Beispiel ermöglichte auf Verdacht Wohnungen abzuhören.[376] Diese Gesetzesinitiative wurde im Bundestag kontrovers diskutiert. Dabei handelte es sich um eine Ände-

---

[372] Reinecke: Otto Schily. S. 311.
[373] Vgl.: Michels: Otto Schily. S. 162.
[374] Vgl.: Block/ Schulz: Die Anwälte Ströbele, Mahler, Schily. S. 268.
[375] Reinecke: Otto Schily. S. 315.
[376] Vgl.: Block/ Schulz: Die Anwälte Ströbele, Mahler, Schily. S. 268.

rung des Grundgesetzes, für die eine Zweidrittelmehrheit im Bundestag und im Bundesrat und damit die Zustimmung eines Teils der SPD-Fraktion, notwendig war.[377] Innerhalb der SPD war dieses Thema sehr umstritten. Sie entschloss sich dazu, mit der CDU/CSU und der FDP darüber zu verhandeln. Aufgrund seiner langen Erfahrung als Verteidiger wurde Schily der SPD-Verhandlungsführer und tatsächlich gelang es ihm, im Januar 1998, einen Teil der SPD-Fraktion von dieser Grundgesetzänderung zu überzeugen und diese so zu ermöglichen.[378]

Hier wird deutlich, dass Schily einen Wandel vollzogen hatte. Nun war er derjenige, der für die bürgerlichen Parteien der Ansprechpartner war, wenn die SPD einbezogen werden musste, da er oft ähnliche Positionen wie sie selbst vertrat. Schily wurde mittlerweile auch in konservativen Kreisen akzeptiert und seine Meinung wurde dort geschätzt. Somit befand sich Schily wieder in einer Vermittlerrolle wie schon so häufig zuvor in seinem Leben. *„Die Schily so lästige Vergangenheit ist zugleich sehr brauchbar: Nur Schily kann in der SPD Dinge fordern, die jeden anderen in die rechtskonservative Ecke stellen würden."*[379] Eine entscheidende Rolle spielte dabei seine Rolle in der Vergangenheit, da er durch seine Tätigkeit als RAF-Verteidiger nicht in den Verdacht geriet, die Ziele der SPD auf dem Gebiet der Rechtsfragen zu verraten. Mitte der 1990er Jahre sah Schily diese Vergangenheit als RAF-Verteidiger als schädlich für seine weitere Karriere an, aber gleichzeitig half sie ihm Positionen zu vertreten, die ihn ansonsten in der SPD isoliert hätten, so aber wurden sie akzeptiert. In die öffentliche Kritik geriet Schily jedoch trotzdem, weil ihm vorgeworfen wurde, seine Meinung geändert zu haben, da er früher gegen einen zu großen Einfluss des Staates gekämpft habe und unter anderem in Stammheim auch selber von einer Abhöraffäre betroffen war und ihm dieser Einfluss des Staates nun nicht groß genug sein könne. Schily entgegnete diesen Vorwürfen, dass das Abhören nun im Gegensatz zu den 1970er Jahren rechtsstaatlich abgesichert sei und es eine richterliche Überprüfung gebe.[380] Dies unterstrich er mit den Argumenten, dass sich das Gesetz über den Großen Lauschangriff vor allem gegen die organisierte Kriminalität richte und nicht gegen politische Gefangene und damit, dass ein großer Unterschied zwischen dem Abhören von Wohnungen und dem von vertraulichen Gesprä-

[377] Vgl.: Michels: Otto Schily. S. 163.
[378] Vgl.: Block/ Schulz: Die Anwälte Ströbele, Mahler, Schily. S. 268f.
[379] Reinecke: Otto Schily. S. 315.
[380] Vgl.: Block/ Schulz: Die Anwälte Ströbele, Mahler, Schily. S. 269.

chen zwischen Verteidiger und Mandant bestehe.[381] Im Jahr 1977 hatte Schily die Abhörung in Stammheim noch als Zersetzung des Rechtsstaates von innen und verdeckten Krieg bezeichnet, woran er sich im Jahr 1998 nicht mehr erinnern konnte und sich verwundert fragte, ob er dies 20 Jahre zuvor tatsächlich so gesagt habe.[382] Hier wird sehr klar erkennbar, dass sich sein Blickwinkel verschoben hatte. Aus Sicht des führenden Rechtspolitikers der SPD und späteren Bundesinnenministers stellte sich die Rechtslage anders dar, als sie aus dem Blickwinkel des RAF-Verteidigers erschien. Trotzdem handelte es sich bei diesem Wandel um eine frappierende Veränderung der Meinung, der auch der breiten Öffentlichkeit nicht verborgen blieb. Schily stand dafür aber nicht nur in der Öffentlichkeit und den Medien in der Kritik. Sein Verhalten in der Debatte um den Großen Lauschangriff stieß auch auf scharfe Kritik innerhalb der Rechtsanwaltschaft. Die Vereinigung Berliner Strafverteidiger forderte Schily auf, sich entschlossener für die Grundrechte zu engagieren, woraufhin Schily wütend aus dieser Vereinigung austrat.[383] Interessant ist dieser Vorgang vor allem deshalb, weil er ein Schlaglicht auf die Veränderungen in Schilys Ansichten wirft. Die linken Anwälte, zu denen auch Schily gehörte, waren in den 1970er Jahren permanent vom Ausschluss aus Rechtsanwaltsvereinigungen bedroht, da sie zum Beispiel RAF-Mitglieder verteidigten. Für Schily waren diese Vereinigungen politisch rechts angesiedelt, nun 20 Jahre später, trat er selbst aus einer Rechtsanwaltsvereinigung aus, da diese aus seiner Sicht politisch zu weit links stand. Schily entwickelte sich immer mehr in Richtung der bürgerlichen Parteien und stand Mitte der 1990er Jahre politisch am rechten Rand der SPD.

Dadurch wurde Schily deutlich unpopulärer bei der Parteibasis und dies spiegelte sich auch im Verhalten der Partei ihm gegenüber wieder. 1997 gelang ihm nur knapp die Wiederwahl als stellvertretender Fraktionschef und 1998 erhielt er nur einen unsicheren Listenplatz für die Bundestagswahl, wobei er selbst um diesen heftig, gegen den eigenen Parteinachwuchs und innere Widerstände des bayerischen Landesverbands, kämpfen musste.[384] Dank dem guten SPD-Ergebnis bei der Bundestagswahl gelang Schily jedoch der Wiedereinzug ins Parlament und er wurde vom neuen Bundeskanzler Gerhard Schröder als Bundesinnenminister in sein

---

[381] Vgl.: Ohne Verfasser: Hab` ich das so gesagt? Wie der linksliberale Jurist Otto Schily zum Verfechter des Lauschangriffs wurde. In: DER SPIEGEL vom 2. Februar 1998.
[382] Vgl.: Ebd.
[383] Vgl.: Reinecke: Otto Schily. S. 321.
[384] Vgl.: Reinecke: Otto Schily. S. 324 und Christian Schneider: Kein Platz für den SPD-Parteinachwuchs. Wie Jugendträume platzen. Gestandene Mandatsträger wanken und weichen nicht. In: Süddeutsche Zeitung vom 3. Juli 1997.

Kabinett geholt.[385] Schily war prädestiniert für genau diesen Ministerposten. Zum einen passte dieser zu seiner Vergangenheit als Jurist und zum anderen konnte er nur im Bundesinnenministerium seine Vorstellungen, wie der deutsche Rechtsstaat aussehen sollte, verwirklichen. Schon vor der Bundestagswahl 1998 äußerte Schily, dass es sein Ziel sei, als Bundesinnenminister künftig am Kabinettstisch Platz zu nehmen.[386] Nach der Bundestagswahl war Schily endlich an seinem großen Ziel, einem Ministerposten, angekommen. Dieses Ziel verfolgte er schon seit Beginn seiner politischen Karriere. Oft schien es unmöglich für ihn, dass er an diesem Punkt irgendwann tatsächlich ankommen würde. Die Vergangenheit als RAF-Verteidiger und auch der Parteiwechsel von den Grünen zur SPD hätten bei vielen anderen eine derartige Karriere verhindert, nicht jedoch bei Schily, der sich immer durchzusetzen wusste und auch in der Lage war, Rückschläge zu verkraften, ohne das große Ziel aus den Augen zu verlieren. *„Dass Roman Herzog Schily die Ernennungsurkunde überreicht, ist ein persönlicher Triumph. Schily hat es allen gezeigt."*[387] Aus diesem Grund wurde er als Bundesinnenminister von einem großen Ehrgeiz getrieben. Dabei übertrieb er es vor allem in seiner Anfangszeit als Minister auch manchmal. Wenn in der Bundestagsfraktion der SPD nicht alles nach seinem Willen lief, bekam er schon einmal einen seiner Wutausbrüche, für die er berüchtigt ist.[388] Dieses Verhalten übertrug er auch auf sein Ministerium. Dort führte er sich als Herrscher auf und ließ seine Untergebenen spüren, wer der Herr im Haus war. Dazu gehörte auch deren Kontrolle, ob sie genug Arbeitseifer an den Tag legten. Um dies zu überprüfen, kontrollierte Schily beispielsweise nach seinem Amtsantritt einmal an einem Freitagnachmittag, wer noch im Bundesinnenministerium anwesend war und wer schon nach Hause gegangen war.[389] Von sich selbst forderte Schily einen großen Arbeitseinsatz und er erwartete gleichzeitig, dass jeder andere in seinem Ministerium bereit war, den gleichen Einsatz zu bringen. Er hatte hart und lange für diese Aufgabe gearbeitet und verlangte daher auch, dass nun alles nach seinen Vorgaben umgesetzt wurde. Sein langer Weg ins Bundesinnenministerium hatte auch zur Folge, dass Schily eine größere Erfahrung mitbrachte als seine Kollegen in den anderen Bundesministerien. Er befand sich daher in einer gewohnten Situation.

[385] Vgl.: Block/ Schulz: Die Anwälte Ströbele, Mahler, Schily. S. 273.
[386] Vgl.: Franziska Augstein: Tücken des Wechsels. Der Platz auf der anderen Seite des Tisches: Otto Schily will das Innenministerium. In: Frankfurter Allgemeine Zeitung vom 31. August 1998.
[387] Reinecke: Otto Schily. S. 327.
[388] Vgl.: Ebd. S. 331.
[389] Vgl.: Ebd.

Außerdem hatten sich seine Ansichten gewandelt. Sein Biograf Stefan Reinecke bringt dies folgendermaßen auf den Punkt: *„Schily ist, wie bei den Achtundsechzigern, den RAF-Anwälten und den Grünen, im Kabinett der Älteste. Und er ist konservativer als die anderen. Der Mann am rechten Flügel, so wie immer."*[390] Durch sein höheres Alter war er auch eine Autorität. Dies ermöglichte ihm eine ähnliche Vermittlerrolle einzunehmen, wie schon häufiger zuvor in seinem Leben. Nun vermittelte er zwischen Regierungskoalition aus SPD und Grünen und der konservativen Opposition.

Dies war vor allem erkennbar in dem Kernbereich, der seine Amtszeit mit am meisten prägen sollte. Dabei handelte es sich um die Sicherheitspolitik, die speziell durch den 11. September 2001 das größte öffentliche Interesse an seiner Tätigkeit hervorrief. Es wurden Gesetze in einem Tempo verabschiedet, wie es zuletzt 1977 der Fall war, als aufgrund der Entführung Hanns Martin Schleyers das Kontaktsperregesetz erlassen wurde, das den Kontakt der RAF-Mitglieder im Gefängnis mit ihren Komplizen in Freiheit und auch ihren Anwälten verhindern sollte. Damals war Schily als Verteidiger Ensslins selbst betroffen und als Bundesinnenminister war er nun die zentrale Person, die Sicherheitsgesetze ausarbeitete und sich eine schnelle Umsetzung von diesen erhoffte. Damit machte er sich bei Teilen der SPD und der Grünen unbeliebt, denen diese Gesetze zu weit gingen. Diese unterstellten Schily, dass er ein typischer Law and Order Mann nach amerikanischem Vorbild sei und damit zentrale Werte sowohl der SPD als auch der Grünen ignoriere und versuche, diese per Gesetz abzuschaffen, worauf Schily entgegnete, dass Law and Order typisch sozialdemokratische Eigenschaften seien, *„weil sie die Sicherheit gerade auch der Menschen in unserem Lande gewährleisten, die sich keine privaten Sicherheitsdienste leisten können."*[391] Schily sah sich selbst also als Verfechter sozialdemokratischer Werte und kritisierte seine Parteifreunde für ihre mangelnde Unterstützung. Diese Unterstützung erfuhr er jedoch von Seiten der CDU/CSU. *„Als er im Bundestag mehr Kompetenzen für den Geheimdienst und die Polizei fordert, für Rasterfahndung und Fingerabdruck im Personalausweis plädiert, applaudiert ihm die Union. Und Schröder sieht es mit Vergnügen, denn die Opposition klatscht dazu Beifall, dass sie in ihrem angestammten Feld – der inneren Sicherheit – keine Chance haben wird. Fast alles, was sie vorschlägt, will Schily sowieso."*[392]

[390] Reinecke: Otto Schily. S. 331.
[391] Block/ Schulz: Die Anwälte Ströbele, Mahler, Schily. S. 274.
[392] Reinecke: Otto Schily. S. 357.

Dies ist der Grund, warum Schily für Schröder auch ein bedeutender Minister war. Mit ihm konnte er in Politikfelder wildern, die eigentlich auf dem Terrain der Opposition lagen und so zusätzliche Wählerstimmen gewinnen. Schily konnte sich auf diesem Themengebiet profilieren und erwarb sich weltweit Respekt für seine Gesetzesinitiativen. Dies spielte eine bedeutende Rolle nach Beginn des Irak-Krieges 2003. In diesem Zusammenhang war Schily sehr wichtig für Schröder, da das Verhältnis der USA zu Deutschland anschließend merklich abkühlte und der Bundesinnenminister gute Beziehungen zu den USA besaß, die Schröder nun zu nutzen versuchte. Zu sehen war dieses gute Verhältnis Schilys zu den USA daran, dass amerikanische Politiker mit Schily telefonierten und mit Schröder nicht.[393] Nur durch Schily gelang es Schröder, den Kontakt zu den USA aufrecht zu erhalten und nicht gänzlich isoliert und ohne Informationen dazustehen. In der Bevölkerung steigerten sich Schilys Beliebtheitswerte enorm. Er ist *„der richtige Mann zum richtigen Zeitpunkt am richtigen Ort: Er kann Sicherheit ausstrahlen, Härte ohne Intoleranz“* und *„das derbe, unwirsche, dass (sic!) sonst unsympathisch und herrisch wirkt passt zur Stimmungslage in Deutschland.“*[394] Die Mehrheit der Bevölkerung stand hinter den Gesetzesinitiativen der Bundesregierung und hielt diese für notwendig und richtig. Ein Grund dafür war, dass Schily diese gut vermitteln konnte. Gleichzeitig brach keine Panik oder zu große Furcht vor einem Terroranschlag in Deutschland aus, da Schilys Krisenmanagement funktionierte und sich die Bevölkerung auch aufgrund seiner Ausstrahlung sicher fühlte. Er erkannte auch die neuen Gefahren, die sich aus den Vorkommnissen des 11. September 2001 ergaben. Herkömmliche Bekämpfungsmethoden des Terrorismus verloren ihre Wirkung, da Selbstmordattentäter nicht durch Strafandrohung bekämpft werden, sondern nur vorbeugende Maßnahmen erfolgreich sein können.[395] Diese Maßnahmen ließen Schily als den starken Mann in der Bundesregierung erscheinen, der die Lage im Griff hatte, der sich in dieser Situation wohl fühlte und darin sogar seine Lebensaufgabe sah.[396]

Insgesamt wurden die Sicherheitsgesetze deutlich verschärft, was nicht nur auf die Terrorismusbekämpfung große Auswirkungen hatte. Auch die Kriminalitätsbekämpfung sollte dadurch verbessert werden und Schily war bereit, dafür einige Bürger-

[393] Vgl.: Reinecke: Otto Schily. S. 366.
[394] Ebd. S. 357.
[395] Vgl.: Block/ Schulz: Die Anwälte Ströbele, Mahler, Schily. S. 290.
[396] Vgl.: Heribert Prantl: Vom Verteidiger der Terroristen zum Verteidiger gegen den Terror. Otto Schily, oder: Der Staat bin ich. Der Bundesminister des Innern – ein Mann, der die Macht liebt, der gerne auf dem Sockel steht und der auf seine Weise schon immer konservativ war. In: Süddeutsche Zeitung vom 19. Oktober 2001.

rechte zu opfern. Dafür musste er auch teilweise scharfe Kritik aus der eigenen Partei einstecken. Im Inland wurden die Gesetzesinitiativen also durchaus kontrovers diskutiert. Im Ausland hingegen wurde Schily überwiegend positiv wahrgenommen. Die Sichtweise der USA wurde bereits angesprochen, aber auch im europäischen Ausland erarbeitete sich Schily Respekt und Anerkennung. Dies lag zum Beispiel auch daran, dass seine Sicherheitspolitik auch dort zu sehen war. Ein Beispiel für deren Auswirkungen war, dass bei der Fußballeuropameisterschaft 2000 in Belgien und den Niederlanden keine deutschen Gewalttäter in Erscheinung traten wie noch 1998 bei der Fußballweltmeisterschaft in Frankreich, wofür Schily sehr viel Lob zugesprochen wurde.[397] Im Bereich der Sicherheitspolitik erntete Schily partei- und länderübergreifend mehr Lob als Kritik. Damit stand er auf dem Höhepunkt seiner Macht und seines Ansehens. Zu sehen war dies auch daran, dass er innerparteilich an Beliebtheit deutlich hinzugewann. Für die Bundestagswahl 1998 musste er noch um seinen Einzug in den Bundestag bangen, da er nur einen unsicheren Listenplatz bekam. Für den Bundestagswahlkampf 2002 hingegen wurde er, aufgrund seiner Popularität nach dem 11. September 2001, SPD-Spitzenkandidat in Bayern.[398]

5.1.3 Das NPD-Verbotsverfahren, Online-Durchsuchungen und der Wandel Schilys im Vergleich zu den 1970er Jahren

Daran konnte sich Schily aber nur kurze Zeit erfreuen, da der Abstieg in der Beliebtheit schon bald darauf begann. Auslöser hierfür war das von ihm mitinitiierte NPD-Verbotsverfahren, das ihn einiges an Vertrauen in der Bevölkerung kostete. Ursache dafür war zunächst einmal Schilys schwankende Meinung zu diesem Verfahren. Im August 2000, im Vorfeld des NPD-Verbotsverfahren, war Schily gegen ein solches, da es die Militanz im Untergrund erhöhen würde, ein Verbotsverfahren hohe Hürden beim Bundesverfassungsgericht in Karlsruhe überspringen müsse und gegen die lose und dezentrale Organisierung der rechten Szene ein Organisationsverbot wenig helfen würde.[399] Er erkannte, dass ein erfolgreiches Verfahren nur einen begrenzten Erfolg darstellen würde, ein Scheitern hingegen verheerend wäre, da dann die NPD einen juristischen Erfolg gegen die Bundesregierung propagandistisch ausschlachten könne und die Gefahr bestehe, dass es ihr somit gelingen würde, neue Anhänger zu

[397] Vgl.: Michels: Otto Schily. S. 210.
[398] Vgl.: Reinecke: Otto Schily. S. 346.
[399] Vgl.: Reinecke: Otto Schily. S. 341.

gewinnen. Trotz dieser Bedenken stellte sich Schily später an die Spitze der Befürworter eines NPD-Verbotsverfahren. Der Grund für Schilys Meinungsumschwung: *„Eine Bund-Länder-Arbeitsgruppe war nach wochenlanger Prüfung zum Schluß gelangt, daß ein Verbotsantrag beim Bundesverfassungsgericht gute Erfolgsaussichten habe."*[400] Darauf verließ sich Schily und in seinem inneren Kampf setzte sich der Politiker gegen den zweifelnden Juristen durch, was dazu führte, dass Schily zusammen mit dem CSU-Innenminister von Bayern, Günther Beckstein, zu den führenden Befürwortern eines NPD-Verbots gehörte.[401] Diese Entscheidung war gefährlich für Schily. Zum einen war der Ausgang des Verfahrens völlig offen und es konnte in der Beschädigung seines guten Rufes enden. Zum anderen war der Verteidiger der NPD sein frühere Mandant und langjährige Weggefährte Horst Mahler, der nun auf der Seite der Rechtsextremen stand und gegen den Schily eine Niederlage besonders schmerzen würde. Letztlich kam es genau zu dieser Situation, da der NPD-Verbotsantrag scheiterte. Der Grund dafür war, dass der Verfassungsschutz mehrere V-Männer in Schlüsselpositionen der NPD einschleuste und diese Beobachtung durch den Staat eine schwerwiegende Verletzung der Verfahrensregeln darstelle.[402] Diese Tatsache gefährdete auch Schilys Zukunft als Minister. Es stellte sich nämlich die Frage, inwieweit er in diesen Vorgang schon vorab informiert war. Tatsächlich war Schily nicht über die V-Männer bei der NPD informiert, sein Ministerium jedoch schon, seine Mitarbeiter trauten sich jedoch nicht, dies ihrem Chef mitzuteilen, da das NPD-Verbotsverfahren bereits lief.[403] Schily war bekannt dafür, das Bundesinnenministerium mit strenger Hand zu führen. Seine Untergebenen fürchteten die Konsequenzen, wenn Schily erfahren würde, dass sein Verfahren vor dem Bundesverfassungsgericht gegen die NPD vor dem Aus steht und sein eigenes Ministerium mitverantwortlich dafür ist. Daher schwiegen sie, was die Situation für Schily noch schwieriger machte, als diese Tatsache an die Öffentlichkeit gelangte. Nun stand er als jemand da, der sein eigenes Ministerium nicht im Griff hat. Schily war als Bundesinnenminister der Hauptverantwortliche für das Scheitern des NPD-Verbotsantrags, da er dafür verantwortlich war, dass die Information über die V-Männer nicht an ihm vorbeiging.[404] Damit stand Schily kurz vor seinem Rücktritt und das obwohl er noch kurz zuvor zu den beliebtesten Politikern Deutschlands gehörte. Für ihn wäre ein

[400] Michels: Otto Schily. S. 202.
[401] Vgl.: Reinecke: Otto Schily. S. 341.
[402] Vgl.: Schmidt: Das politische System Deutschlands. S. 231f.
[403] Vgl.: Reinecke: Otto Schily. S. 345f.
[404] Vgl.: Reinecke: Otto Schily. S. 347.

Rücktritt auch eine große persönliche Niederlage. Dann müsste er, der großartige Strafverteidiger, sich ausgerechnet wegen einer juristischen Niederlage von dem Posten, für dessen Erreichung er jahrzehntelang gekämpft hatte, zurückziehen. Das es nicht soweit kam, war auch den politischen Ereignissen geschuldet. Das Bundesverfassungsgericht lehnte den NPD-Verbotsantrag am 18. März 2003 ab und nur zwei Tage später begann der Angriff von US-Truppen auf den Irak, wodurch Schily wegen seiner hervorragenden Kontakte zu den USA für Bundeskanzler Schröder unverzichtbar wurde.[405]

Schily erlitt eine schwerwiegende Niederlage vor dem Bundesverfassungsgericht, ihm gelang es jedoch, Bundesminister zu bleiben. Ein zweiter Konflikt mit dem Bundesverfassungsgericht bahnte sich mit den umstrittenen Online-Durchsuchungen von Computern durch staatliche Organe an. Dieser wurde jedoch erst ausgetragen nachdem Schily nicht mehr als Minister im Amt war. Gleichwohl war er führend an der Umsetzung dieses Vorgehens beteiligt. Im April 2007 stellte die innenpolitische Sprecherin der FDP-Bundestagsfraktion, Gisela Piltz, den Antrag, dass die Bundesregierung zur Überwachung von privaten Computern Stellung nehmen solle, woraufhin diese einräumte, dass die heimliche Online-Durchsuchung schon seit 2005, auf einer Grundlage einer Dienstvorschrift des damaligen Bundesinnenministers Schily, möglich sei.[406] Vor allem die FDP kritisierte dies heftig. *„Laut der Liberalen ist eine reine Dienstanweisung unter keinem Gesichtspunkt eine geeignete Rechtsgrundlage für dermaßen tiefe Einschnitte in die Grundrechte der Bürger.“*[407] Schily selbst erhoffte sich durch die Online-Durchsuchung von privaten Computern eine effektivere Kriminalitätsbekämpfung. Für die Erreichung dieses Zieles war sie ein wichtiger Bestandteil. Aus Schilys Sicht war die Umsetzung der geheimen Online-Durchsuchungen privater Computer also ein unverzichtbares Mittel, das es galt schnell umzusetzen.

Damit unterschied sich seine Meinung Mitte der 2000er Jahre fundamental von seiner Sichtweise Mitte der 1970er Jahre. Interessant ist es hierbei, Meinungen anderer Personen zu diesem Wandel zu zitieren. Viele sind der Meinung Schily *„habe sich vom ‚Links-Anwalt' zum ‚Staats-Anwalt' gewandelt.“*[408] Der RAF-Anwalt von einst steht heute für politische Inhalte, die er 30 Jahre zuvor noch intensiv

---

[405] Vgl.: Ebd. S. 349.

[406] Vgl.: http://www.heise.de/newsticker/meldung/Bundesregierung-gibt-zu-Online-Durchsuchungen-laufen-schon-171385.html (letzter Zugriff: 01.12.2010).

[407] Ebd.

[408] Block/ Schulz: Die Anwälte Ströbele, Mahler, Schily. S. 275f.

bekämpfte. Sein Biograf Stefan Reinecke brachte dies treffend auf den Punkt, wenn er schrieb: *„Otto Schily ist so geworden wie die Politiker, die er in den siebziger Jahren abschreckend fand."*[409] Seine unterschiedlichen Sichtweisen lassen sich so erklären, dass er in den 1970er Jahren selbst von der Härte des Staates getroffen wurde und die negativen Seiten sah. 30 Jahre später stand er selbst an verantwortlicher Stelle und vertrat den Staat. Nun war er der Meinung, dass kein Unschuldiger sich vor dem Rechtsstaat fürchten müsse, eben da die Bundesrepublik ein Rechtsstaat sei.[410] Da Schily schon immer ein entschiedener Verfechter des Rechtsstaates war, sieht er bei sich, im Gegensatz zu langjährigen Beobachtern seiner Karriere, selbst kaum Veränderungen seiner politischen Meinung. Dabei vergisst er jedoch, dass auch in einem Rechtsstaat Fehler gemacht werden und vor allem, dass auch Schuldige gewisse Rechte haben. Gleichzeitig steigt die Gefahr von Vorverurteilungen und gerade diese bekämpfte Schily als RAF-Verteidiger vehement. Er sah die größte Gefahr für den deutschen Staat durch die organisierte Kriminalität, befürchtete eine Ohnmacht des Staates dagegen und vertrat damit in dieser Hinsicht die gleiche Meinung wie sein Vorgänger als Bundesinnenminister, der CDU-Politiker Manfred Kanther.[411] Ins Bild dazu passt die Kritik, der er innerhalb des bayerischen Landesverbands der SPD ausgesetzt war. Dieser unterstellte Schily eine Vernachlässigung seines eigenen Wahlkreises zu Gunsten einer, aus SPD-Sicht, zu großen Nähe zum CSU-Innenminister von Bayern Günther Beckstein.[412] Schily verband als Bundesinnenminister in Bezug auf die innere Sicherheit mehr mit Kanther und Beckstein als sie trennte. Dies wurde auch in der SPD erkannt und führte zu Kritik an Schily und seinen veränderten Positionen. Zu sehen waren diese auch an seiner Mitgliedschaft in verschiedenen Vereinigungen. Beispielsweise war Schily Mitglied in der Humanistischen Union, dem Republikanischen Anwaltsverein und der Organisation der Berliner Strafverteidiger, trat aber überall wieder aus.[413] Entweder erfolgte der Austritt als Reaktion auf Kritik an seiner Position oder weil er erkannte, dass er sich mit den Zielen der Vereinigung nicht mehr identifizieren konnte. Es ist also durchaus ein starker Wandel in Schilys politischen Sichtweisen zu erkennen und der Vergleich der 1970er Jahre mit den 2000er Jahre ist in dieser Hinsicht sehr interessant. Stefan Reinecke formulierte dies erneut sehr treffend: *„Die Vorstellung, welche*

[409] Reinecke: Otto Schily. S. 372.
[410] Vgl.: Ebd. S. 362.
[411] Vgl.: Michels: Otto Schily. S. 167.
[412] Vgl.: Ebd. S. 198.
[413] Vgl.: Reinecke: Otto Schily. S. 363.

Adjektive dem scharfzüngigen RAF-Verteidiger Otto Schily in den 1970er Jahren für einen Innenminister vom Schlage Schilys eingefallen wären, ist nicht ohne Reiz.“[414]

5.2 Christian Ströbele

5.2.1 Ströbele als Parteisprecher der Grünen und die Zeit bis 2002

Zu Beginn der 1990er Jahre trat Christian Ströbele wieder verstärkt in der Bundespolitik in Erscheinung. Dort hatte er mittlerweile einen hohen Stellenwert innerhalb der Grünen erlangt, da ihm die erfolgreiche Vermittlertätigkeit in den Koalitionsverhandlungen zwischen SPD und Alternativer Liste in Berlin viel Respekt eingebracht hatte. Damit veränderte sich Ströbeles Stellung innerhalb der Partei. Vom Nachrücker 1985, der nur zur zweiten Reihe der grünen Bundespolitiker gehörte, wurde er nun zu einem wichtigen Faktor und es war ihm möglich in der Bundespartei Karriere zu machen. Im Sommer 1990 wurde er daher, neben Renate Damus und Heide Rühle, zu einem von drei Parteisprechern der Grünen gewählt. Trotzdem wurde seine Wahl auch kritisch gesehen. Da seine politische Einstellung sehr links war, galt seine Wahl zunächst als Sprengsatz für die Grünen, jedoch stellte sich heraus, dass Ströbele stattdessen in eine Rolle als Integrationsfigur hineinwuchs.[415] Es schien also so, als ob ihm eine erfolgreiche Zeit als Parteisprecher bevorstand. Seine weitere innerparteiliche Karriere wurde aber jäh gestoppt. Verantwortlich dafür waren zwei voneinander getrennte Ereignisse. Zunächst ist hier Ströbeles Verhalten in der Zeit zwischen dem Fall der Berliner Mauer am 9. November 1989 und der ersten gesamtdeutschen Bundestagswahl am 2. Dezember 1990 zu nennen. Positiv ist dabei zu sehen, dass es Ströbele gelang, die Grünen von der neuen Konkurrenz der PDS auf der einen Seite und der SPD auf der anderen Seite politisch scharf abzugrenzen.[416] Dies war eine Grundvoraussetzung, damit die Grünen konkurrenzfähig blieben. Ansonsten drohten sie zwischen den beiden genannten Parteien zerrieben zu werden. Ströbeles Ansatz war also durchaus sinnvoll. Jedoch wurde seine Politik von mehreren negativen Aussagen von ihm selbst überstrahlt. Ströbele bezeichnete den Beitritt der DDR zur Bundesrepublik Deutschland beispielsweise als *„die größte Landnahme der*

---

[414] Block/ Schulz: Die Anwälte Ströbele, Mahler, Schily. S. 277.
[415] Vgl.: Saskia Richter: Führung ohne Macht? Die Sprecher und Vorsitzenden der Grünen. In: Daniela Forkmann/ Michael Schlieben (Hg.): Die Parteivorsitzenden in der Bundesrepublik Deutschland 1949-2005. Wiesbaden 2005. S. 169-214. Hier: S. 187.
[416] Vgl.: Richter: Führung ohne Macht? S. 188.

deutschen Industrie seit den Kolonialkriegen."[417] Diese Aussage kostete ihn viele Sympathien. Hier kam der Kapitalismuskritiker zum Vorschein, der er tatsächlich ist. Damit verkannte Ströbele jedoch die politischen Verhältnisse in Deutschland, da diese Auffassung nicht mehrheitsfähig war und sich die Grünen dadurch teilweise isolierten. Eine Aussage auf der Bundesversammlung der Grünen in Bayreuth Ende September 1990 kostete ihn weitere Sympathien. Dort verglich er laut seinem Parteifreund Hubert Kleinert die Zustimmung der SPD zur Wiedervereinigung *„mit der Billigung der Kriegskredite durch die sozialdemokratische Reichstagsfraktion im Jahre 1914."*[418] Ströbele positionierte sich klar als Gegner der Wiedervereinigung, zumindest in der Art und der Geschwindigkeit, wie diese von den anderen Parteien geplant war. Damit unterschätzte er die Stimmung in der Bevölkerung, die die Wiedervereinigung mit überwältigender Mehrheit befürwortete. Kleinert warf Ströbele zusätzlich vor, dass er eine zentrale Rolle beim Bruch der Westberliner Koalition aus SPD und Alternativer Liste zwei Wochen vor der Bundestagswahl 1990 gespielt habe.[419] Dieser Bruch nährte den Verdacht, dass die Grünen nicht regierungsfähig seien und kostete sie Stimmen bei der Bundestagswahl. Aus diesen Gründen wurde den Parteisprechern, und dabei vor allem Ströbele, das Scheitern an der 5%-Hürde bei der Bundestagswahl 1990 mit angelastet. Er war unter anderem für den verfehlten Wahlslogan *„Alle reden von Deutschland, wir reden vom Wetter"* verantwortlich.[420] Damit wird deutlich, dass er die Stimmung in Deutschland völlig falsch einschätzte. Der Bevölkerung war durchaus bewusst, welch ein historischer Moment die deutsche Wiedervereinigung darstellte. Dadurch trat die Umweltpolitik deutlich in den Hintergrund und der verfehlte Wahlslogan zeigt erkennbar, dass den Grünen in Sachen Deutschlandpolitik der Zugang zu den Wählern fehlte. Nur so ist dieser schwere Rückschlag für die Grünen zu erklären, da sie 1990 eigentlich schon eine etablierte Partei und eine feste Größe im Bundestag darstellten.

Der verpasste Einzug in den Bundestag stellte eine schwere Niederlage für die drei Parteisprecher der Grünen dar, sie führte jedoch nicht zu ihrem Rücktritt. Trotzdem musste Ströbele bereits im Februar 1991 von seinem Posten als Parteisprecher zurücktreten, da er kurz vor einem Israel-Besuch in einem Interview mit der Süddeutschen Zeitung, das auch in der Jerusalem Post erschien, einen Bezug zwischen der

---

[417] Block/ Schulz: Die Anwälte Ströbele, Mahler, Schily. S. 263.
[418] Kleinert: Aufstieg und Fall der Grünen. S. 124. Kleinert ist zum Realo-Flügel der Grünen zu rechnen. Als innerparteilicher Gegner Ströbeles sind seine Vorwürfe mit Vorsicht zu genießen.
[419] Vgl.: Ebd. S. 127f.
[420] Richter: Führung ohne Macht? S. 187.

israelischen Politik und dem Raketenangriff Saddam Husseins auf Israel herstellte und diesen Beschuss als *„die logische, fast zwingende Konsequenz der israelischen Politik den Palästinensern und den arabischen Staaten gegenüber“* bezeichnete.[421] Die Folgen dieser Aussage waren verheerend. Das israelische Außenministerium weigerte sich die deutsche Delegation zu empfangen, ein geplanter Termin in der Knesset wurde abgesagt und Ströbele musste öffentlich eingestehen, dass sich die Situation in Israel anders darstellte als gedacht und er dies aus der Ferne völlig falsch eingeschätzt hatte.[422] Für Ströbele wurde die Situation sogar noch unangenehmer, da er zunächst versuchte sich herauszureden und abstritt, diese Aussage getätigt zu haben. Der israelische Journalist Jigal Avidan, der bei dem Interview ebenfalls anwesend war, bestätigte jedoch dessen Wahrheitsgehalt und bekräftigte, dass Ströbele diese Aussage zusätzlich mehrmals wiederholt habe.[423] Nun war der entstandene Schaden nicht mehr gutzumachen und er musste als Parteisprecher der Grünen zurücktreten. Mit diesem Rücktritt erhielt Ströbeles Karriere bei den Grünen einen schweren Schlag. Zu dieser Zeit versuchte er, in der Partei aufzusteigen. Dazu gehörte auch die Absicht, im April auf der Bundesdelegiertenkonferenz der Grünen für einen Vorstandsposten zu kandidieren.[424] Diesen Plan ließ er jedoch nach seinem Rücktritt fallen. Damit war seine Karriere bei den Grünen, was Parteiämter angeht, faktisch beendet. Zunächst sah es danach aus, als könnte sich Ströbele von diesen Geschehnissen politisch nicht erholen. Wie aber noch zu zeigen sein wird, war die damalige Niederlage aus heutiger Sicht nicht so tragisch, wie es auf den ersten Blick schien. Denn nur sie ermöglichte Ströbele seinen eigenen Weg bei den Grünen zu gehen und obwohl er kein Parteiamt innehatte, darf sein Einfluss bei den Grünen nicht unterschätzt werden.

Die Zeit nach seinem Rücktritt als Parteisprecher kann als Selbstfindungsphase bezeichnet werden. Ströbele zog sich erneut in die Berliner Landespolitik zurück. Dies ermöglichte ihm, Einfluss auf Berlin in der Wendezeit zu nehmen. Hier bestand großer Gestaltungsraum, da sich das Gesicht der Stadt in den folgenden Jahren völlig veränderte und die vorher getrennten Stadtteile wieder zusammenwachsen mussten. Ströbele fühlte sich hier wohl, weil der positive Einfluss der Entscheidungen des Berliner Senats sofort zu spüren war und auch alltägliche Kleinigkeiten im Senat

[421] Block/ Schulz: Die Anwälte Ströbele, Mahler, Schily. S. 264.
[422] Vgl.: http://www.spiegel.de/spiegel/print/d-13489795.html (letzter Zugriff: 01.12.2010).
[423] Vgl.: Ebd.
[424] Vgl.: Ebd.

geregelt werden mussten. Er selbst brachte dies so zum Ausdruck: *„Da haben wir über jede Ampel und jeden Zebrastreifen diskutiert.“*[425] Über die Verhältnisse in der Bundespolitik äußerte sich Ströbele in dieser Zeit nur selten. Eine Ausnahme stellte ein Aufsatz zum Thema PDS dar.[426] Hier vertrat er die Auffassung, dass Mitte der 1990er Jahre noch nicht generell zu entscheiden war, ob die PDS koalitions- und regierungsfähig sei, da die personellen Kontinuitäten mit der SED noch zu groß wären.[427] Ströbele grenzte sich also durchaus auch nach links ab. Aber er äußerte auch deutliche Kritik an der SPD. Er warf ihr vor, dass sie *„immer unzuverlässiger wird in inhaltlichen Fragen. Nur in dem einen Punkt sind sie zuverlässig: Sie wollen die Macht, offenbar um fast jeden Preis. Aber zuverlässig in der Durchsetzung politischer Ziele sind sie meiner Meinung nach leider nicht.“*[428] Mit dieser Kritik stand er bei den Grünen Mitte der 1990er Jahre ziemlich alleine da, da sich die Meinung über eine Koalition mit der SPD auf Bundesebene im Vergleich zu den 1980er Jahren deutlich zu Gunsten einer möglichen Regierungsbeteiligung verändert hatte. Für die Mehrheit der Partei war das große Ziel der Machtwechsel 1998, der nur an der Seite der SPD möglich war. Dafür wurden auch Unstimmigkeiten mit der SPD vernachlässigt. Ströbele trat damit als Querdenker bei den Grünen in Erscheinung, der zwar nicht für mehrheitsfähige Positionen in der Partei stand, der aber für seine politischen Erfahrungen geschätzt wurde. Diese Tatsache führte dazu, dass Ströbele 1998 über die Berliner Landesliste zum zweiten Mal in den Bundestag einzog.[429] Auch dort spielte er diese Rolle. Er geriet immer mehr in Außenseiterpositionen, obwohl er nach wie vor dieselben politischen Ansichten hatte, da die Grünen ab ihrer Regierungsbeteiligung zu vielen pragmatischen Entscheidungen gezwungen waren. Aus seiner Sicht veränderte sich die Partei in eine Richtung, die er versuchte zu verhindern. Als Beispiel nannte Ströbele die Kontroverse über einen Bundeswehreinsatz im Kosovo, den die grüne Parteibasis vor der Bundestagswahl 1998 ablehnte, dem die Bundestagsfraktion aber danach zustimmte.[430] Ströbele fühlte sich der Basis und der Bevölkerung verbunden und stimmte deswegen dagegen. Aufsehen erregte sein Verhalten am 25. März 1999, einen Tag nach Beginn der NATO-Luftangriffe auf Serbien. Im Bundestag weigerten sich die Bundestagsfraktionen einmütig, diese

[425] Block/ Schulz: Die Anwälte Ströbele, Mahler, Schily. S. 266.
[426] Vgl.: Christian Ströbele: Ist die PDS tatsächlich eine linke Partei? In: Heinz Beinert (Hg.): Die PDS – Phönix oder Asche? Berlin 1995. S. 130-138.
[427] Vgl.: Ebd. S. 132.
[428] Ebd. S. 135.
[429] Vgl.: Block/ Schulz: Die Anwälte Ströbele, Mahler, Schily. S. 273.
[430] Vgl.: Richter: Führung ohne Macht? S. 214.

Vorkommnisse auf die Tagesordnung zu setzen und eine Diskussion darüber aufkommen zu lassen, woraufhin Ströbele entrüstet ans Rednerpult stürzte und dieses Verhalten als skandalös bezeichnete, was ihm den Ruf als Querulant einbrachte, aber auch den Respekt aller Fraktionen.[431] In dieser Legislaturperiode gab es jedoch mehrere Entscheidungen und Standpunkte der Rot-Grünen Bundesregierung, die bei Teilen der Grünen, und nicht nur bei Ströbele, kritisch gesehen wurden. Dazu gehörte auch der Bundeswehreinsatz in Afghanistan nach dem 11. September 2001, die Sicherheitsgesetzgebung, die vom Bundesinnenminister Schily betrieben wurde oder auch die unterschiedliche Einschätzung der Globalisierung.[432] Ströbele vertrat in diesen Dingen eine andere Auffassung als große Teile der Grünen. Er verwies auf die grünen Ideale, die er in Gefahr sah und versuchte diese zu bewahren, er konnte jedoch die Evolution der Grünen nicht verhindern.[433] Durch dieses Verhalten wurde Ströbele zu einem unbequemen Mahner in seiner eigenen Partei. Einerseits war die Konsequenz davon, dass er auf der Berliner Landesliste keinen Platz mehr erhielt für die Bundestagswahl 2002, andererseits wurde er in der Bevölkerung für seine Ehrlichkeit und seine Prinzipientreue geschätzt.

5.2.2 Ströbele als einziger, direkt gewählter, grüner Bundestagsabgeordneter

Als Politiker einer Partei wie sie die Grünen darstellten, schien der Verlust eines sicheren Listenplatzes das Ende der bundespolitischen Karriere zu sein. Dies traf jedoch nicht auf Ströbele zu, der stattdessen versuchte im Wahlbezirk Friedrichshain-Kreuzberg-Prenzlauer Berg-Ost das Direktmandat zu erringen. Der Entschluss dazu fiel ihm zunächst schwer, da dies ein aussichtsloses Unterfangen zu sein schien. Noch nie zuvor hatte in der Geschichte der Bundesrepublik ein grüner Politiker ein Direktmandat bei einer Bundestagswahl erobert. Trotz dieser Widrigkeiten gelang es Ströbele, nach einem langen und anstrengenden Wahlkampf, die grünen Stimmen in diesem Wahlkreis gegenüber der letzten Wahl zu verdoppeln und mit 31,6% der Stimmen das Direktmandat zu gewinnen.[434] Als Ursache für diesen Erfolg sind mehrere Faktoren zu nennen. Zunächst polarisierte Ströbele sehr stark und konnte dadurch das grüne Wählerpotential voll ausschöpfen. Durch sein Festhalten an alten

---

[431] Vgl.: Block/ Schulz: Die Anwälte Ströbele, Mahler, Schily. S. 282ff.
[432] Vgl.: Richter: Führung ohne Macht? S. 210.
[433] Vgl.: Ebd. S. 214.
[434] Vgl.: Block/ Schulz: Die Anwälte Ströbele, Mahler, Schily. S. 294f.

grünen Werten, wie zum Beispiel, dass er weiterhin gegen Kriegseinsätze war und diese nicht aus Koalitionsräson unterstützte, gewann er an Glaubwürdigkeit. Gleichzeitig war Ströbele in seinem Wahlkreis auch sehr präsent. Er fuhr häufig mit dem Fahrrad, trug bequeme Kleidung und sein Markenzeichen war das Tragen eines roten Schals, wodurch er seine Bürgernähe und seine linke Gesinnung demonstrierte.[435] Ob dies jedoch alleine gereicht hätte, wird nie abschließend zu klären sein. Einige Tage vor den Wahlen wurde Ströbele von einem bekannten Berliner Neonazi mit einer Teleskopstange niedergeschlagen.[436] Ihm gelang es trotz seiner Verletzung, die sich später als Gehirnerschütterung herausstellte, den Täter zu verfolgen und eine vorbeifahrende Polizeistreife anzuhalten, die den Neonazi verhaftete.[437] Dieser Vorfall steigerte Ströbeles Popularität und brachte ihm möglicherweise die entscheidenden Wählerstimmen. Dieser Erfolg kam sowohl für ihn als auch für die Grünen sehr überraschend. Die Partei erkannte aber an, dass Ströbele eine große Leistung vollbracht hatte und gestand ihm eine gewisse Sonderrolle zu. Joschka Fischer brachte dies in der innerparteilichen Debatte um die Zustimmung zum Afghanistan-Einsatz der Bundeswehr gegenüber Ströbele zur Sprache: *„Dich haben sie gewählt, weil du gegen den Krieg bist, deshalb darfst du auch gegen den Krieg stimmen.“*[438] Ströbele positionierte sich als Bewahrer alter grüner Werte, der diese auch nicht zu Gunsten von Parteiinteressen vernachlässigte. Diese Rolle wurde auch so in der Bevölkerung erkannt. Seine Beliebtheitswerte stiegen in die Höhe und Ströbele konnte sein Direktmandat bei den nächsten Bundestagswahlen 2005 mit 43,2% und 2009 mit 46,8% nicht nur verteidigen sondern sogar noch ausbauen.[439]
Ströbele engagierte sich vor allem auf dem Feld der Innen- und der Sicherheitspolitik. Sein Hauptaugenmerk lag darauf, dass die Bürgerrechte gewahrt blieben. Vor allem nach dem 11. September 2001 sah er sich hier einer Mehrheit gegenüber, die die Gesetze verschärfen wollte. Sein größter Gegenspieler war dabei der Bundesinnenminister Schily. Ströbele sah die Gefahr, dass die *„sicherlich bestehende terroristische Gefahr“* missbraucht wurde, *„um alte Ziele, wie sie übrigens schon in den 70er-Jahren, in den 80er-Jahren, auch immer wieder aus Sicherheitskreisen gekommen sind von den Geheimdiensten, von Leuten vom Bundeskriminalamt und*

[435] Vgl.: Block/ Schulz: Die Anwälte Ströbele, Mahler, Schily. S. 313.
[436] Vgl.: http://www.spiegel.de/politik/deutschland/0,1518,214963,00.html (letzter Zugriff: 01.12.2010).
[437] Vgl.: Ebd.
[438] Block/ Schulz: Die Anwälte Ströbele, Mahler, Schily. S. 294.
[439] Vgl.: Ebd. S. 297.

anderen, dass die jetzt verwirklicht werden."[440] Nun wurden lange gehegte Wünsche nach mehr Befugnissen für die Geheimdienste und das Bundeskriminalamt, gegen die Ströbele schon lange vehement kämpfte, unter dem Vorwand der aus seiner Sicht übertrieben dargestellten Gefahr eines Terroranschlags, erfüllt. Dazu gehörte die Überwachung von Wohnungen oder die Vorratsdatenspeicherung bei Telefonen und Internetdiensten. In den 1970er Jahren wollte Ströbele die Rechte der Bürger auf ein überwachungsfreies Leben bewahren. Dieses Ziel, für das er jahrzehntelang gekämpft hatte, geriet nun in Gefahr. Er hatte schon in den 1970er Jahren die Befürchtung, dass der Staat seine Rechte auf diesem Gebiet ausbauen wollte, aber der technische Fortschritt ermöglichte nun Eingriffe, die er nicht für möglich gehalten hatte.[441] Vor allem gegen die Vorratsdatenspeicherung kämpfte Ströbele unnachgiebig. Sie *„greift tief in die Grundrechte der Bürgerinnen und Bürger ein. Das Bundesverfassungsgericht hat sie deshalb untersagt. Zwar will es sie in engstem Rahmen begrenzt zulassen, aber fraglich ist, ob die dafür festgelegten Grenzen technisch eingehalten werden können. Und nicht alles, was technisch oder rechtlich möglich ist, ist auch wünschenswert."*[442] Ströbele sah die Gefahr, dass soziale Kontakte dokumentiert werden, Kommunikation nicht mehr vertraulich ist und das Vertrauensverhältnis von Berufsgeheimnisträgern, wie Ärzten oder Anwälten mit ihren Patienten oder Mandanten, nicht mehr gewahrt werden kann.[443]

Aber auch bei anderen wichtigen Themen stand Ströbele für gegensätzliche Positionen im Vergleich zur Rot-Grünen Bundesregierung. Zum Beispiel hatte er rechtliche Bedenken, was die nachträgliche Sicherungsverwahrung angeht.[444] Bestätigt wurde Ströbele in seiner Meinung im Nachhinein durch den Europäischen Gerichtshof für Menschenrechte, der die deutsche Regelung für unzulässig erklärte. Aber auch beim umstrittenen NPD-Verbotsverfahren vertrat Ströbele eine konträre Auffassung im Vergleich beispielsweise zu seinem früheren Weggefährten Schily. Er war der Meinung, dass man die NPD viel besser im Auge behalten kann, wenn sie eine legale Partei bleibt und sie nicht in den Untergrund abdrängt.[445] Das gescheiterte

---

[440] Block/ Schulz: Die Anwälte Ströbele, Mahler, Schily. S. 305.
[441] Vgl.: Ebd. S. 306.
[442] http://www.wiwo.de/politik-weltwirtschaft/pro-und-contra-zur-vorratsdatenspeicherung-448890/3/ (letzter Zugriff: 26.01.2011).
[443] Vgl.: http://www.wiwo.de/politik-weltwirtschaft/pro-und-contra-zur-vorratsdatenspeicherung-448890/3/ (letzter Zugriff: 26.01.2011).
[444] Vgl.: Eins gegen eins: Fall Dennis – Brauchen wir härtere Gesetze gegen Sexualstraftäter? Montag, 18. April 2011, 23:30 Uhr in Sat 1. Rededuell: Uwe Schünemann (CDU) – Hans-Christian Ströbele (Bündnis 90/ Die Grünen).
[445] Vgl.: Block/ Schulz: Die Anwälte Ströbele, Mahler, Schily. S. 302.

NPD-Verbotsverfahren gab ihm im Nachhinein auch hier Recht. Dies blieb nicht ohne Folgen, sondern brachte Ströbele Anerkennung in der Öffentlichkeit. *„Christian Ströbele erfährt überall in seiner Partei und in der Fraktion großen Respekt für seine Leistung. Sein Image in Partei und Öffentlichkeit wandelt sich vom unbequemen Querulanten zum unbeirrbaren und aufrechten ‚linken Gewissen' seiner Partei."*[446]

5.3 Unterschiede und Gemeinsamkeiten

Das Verhältnis zwischen Otto Schily und Christian Ströbele veränderte sich in den 1990er und 2000er Jahren stark. Die auch schon zuvor vorhandenen Differenzen wurden selten sichtbar, da beide trotzdem immer auf der gleichen Seite standen. Als RAF-Anwälte in den 1970er Jahren und als Mitglieder der gleichen Partei in den 1980er Jahren hatten sie jeweils den selben Gegner und versuchten daher konstruktiv zusammenzuarbeiten und in Streitfragen einen Kompromiss zu finden, um sich nicht selbst zu schaden. Zu einem grundlegenden Wandel der gegenseitigen Beziehungen kam es dann ab Schilys Parteiwechsel zur SPD 1989. Nun wurden Meinungsverschiedenheiten auch in der Öffentlichkeit ausgetragen. Einen weiteren Schub erhielt diese Entwicklung dadurch, dass beide ab 1998 gezwungen waren, in der Rot-Grünen Bundesregierung zusammenzuarbeiten und Ströbele seit 1998 auch wieder Mitglied des Bundestages war. Entscheidend hierbei ist Schilys Sicherheitspolitik nach dem 11. September 2001, gegen die Ströbele immer wieder deutlich Position bezog und die Tatsache, dass Ströbele seit 2002 als einziger grüner Direktkandidat im Bundestag sitzt und sich dadurch seinen Wählern, die ihn vor allem auch wegen seiner pazifistischen Haltung wählten, in besonderem Maße verpflichtet fühlt. Auch bei anderen Themen traten Streitpunkte deutlich zu Tage. Dazu gehörte die Asylpolitik, bei der Ströbele klar zu verstehen gab, dass mit ihm keine weiteren Einschränkungen des Asylrechts zu machen seien und wegen der er Schily scharf kritisierte.[447] Beim gescheiterten NPD-Verbotsverfahren vertraten beide ebenfalls unterschiedliche Auffassungen. Schily war der Hauptvertreter der Befürworter, während Ströbele, im Gegensatz zur Mehrheit auch bei den Grünen rechtliche Bedenken hatte und die Rechtsradikalen nicht in den Untergrund drängen wollte, sondern eine offensive Auseinandersetzung mit diesen befürwortete.[448] Ein weiterer

[446] Block/ Schulz: Die Anwälte Ströbele, Mahler, Schily. S. 297.
[447] Vgl.: http://www.spiegel.de/politik/deutschland/0,1518,53361,00.html (letzter Zugriff 01.12.2010).
[448] Vgl.: Block/ Schulz: Die Anwälte Ströbele, Mahler, Schily. S. 286.

Punkt, bei dem sich die Meinungen beider unterschieden, ist die umstrittene Online-durchsuchung von privaten Computern, die Ströbele versuchte zu verhindern. Für Schily hingegen gehörte dieses Instrument zu den zentralen Punkten seiner Sicherheitspolitik. Es lässt sich als grundsätzliches Problem festhalten, dass für Schily die Sicherheitspolitik den entscheidenden Faktor für den Erfolg seiner Zeit als Bundesinnenminister darstellte und er daher auf diesem Gebiet immer mehr Gesetzesverschärfungen vornehmen wollte, was Ströbele unter allen Umständen zu verhindern suchte. Unter diesen Voraussetzungen war es äußerst schwierig, Kompromisse zu finden und in einer Koalition zusammenzuarbeiten.

Aber auch ihre persönliche Beziehung war von Spannungen geprägt. Ursprünglich war sie sehr kollegial, fast freundschaftlich. Aufgrund der politischen Auseinandersetzungen kühlte sie aber deutlich ab. Heute gehen sie sich als politische Kontrahenten am liebsten aus dem Weg.[449] All dies führte jedoch nicht zum Scheitern der Rot-Grünen Bundesregierung. Dies spricht dafür, dass bei allen Differenzen trotzdem immer ein Kompromiss gefunden werden konnte. Schily brachte dies zum Ausdruck, indem er sein Verhältnis zu Ströbele seit 1998 folgendermaßen charakterisierte:

> *„Er gehörte dem linken Flügel an. Aber er ist durchaus jemand, der in der Lage ist – wie wir dann später gemerkt haben in der Koalition – mit pragmatischen Lösungen auszukommen ... Wir sind da schon sehr kontrovers, also auch während der rot-grünen Zeit. Was aber nicht heißt, dass er nicht auch zu pragmatischen Lösungen kommen kann. Es ist nicht so, dass er in letzter Konsequenz, wenn es darauf ankam, nicht auch zustimmen konnte. Aber er ist in vielen Fragen, was militärischen Einsatz angeht, was die Rolle des Staates angeht und welche Maßnahmen getroffen werden, mit mir überquer.“*[450]

In dieser Aussage schwingt auch Respekt für den langjährigen Weggefährten und heutigen politischen Gegner mit. Diesen Respekt hatte sich Ströbele in den 1990er und 2000er Jahren aber auch bei allen anderen Fraktionen im Bundestag verdient. Ursache hierfür war ein Wandel seiner politischen Ambitionen zu Beginn der 1990er Jahre. Ströbele erkannte nach seinem Rücktritt als Parteisprecher 1991, dass eine innerparteiliche Karriere für ihn nicht mehr in Frage kam, da er als Parteisprecher

[449] Vgl.: Block/ Schulz: Die Anwälte Ströbele, Mahler, Schily. S. 8.
[450] Ebd. S. 274f.

gescheitert war. Deshalb konzentrierte er sich auf anderes und trat erst 1998 wieder zurück ins Rampenlicht. Erst durch seinen Misserfolg als Parteisprecher fand Ströbele eine neue Stellung innerhalb der Grünen und wurde später durch sie erfolgreich in seiner neuen Rolle. Nun zeigte er politische Missstände auf und musste dabei keine Rücksicht mehr auf innerparteiliche Zwänge nehmen, da es für ihn keine Karrieremöglichkeiten innerhalb der Partei mehr gab. Dass dieser Weg erfolgreich war, bestätigte sein überraschender Wahlsieg 2002, die Erringung des Bundestagsdirektmandats und die zweimalige Wiederwahl als Direktkandidat. Für ihn war ein Ministerposten in der Bundesregierung jedoch utopisch. Anders stellte sich die Situation bei Schily dar, dessen lang gehegter Wunsch, als Minister Teil der Bundesregierung zu sein, sich nun erfüllte. Damit hatte er aber politisch auch mehr zu verlieren als Ströbele, der nur von seinen Wählern abhängig ist, während Schily auf die gesamte Koalition angewiesen war, da bei deren Scheitern seine Karriere als Minister zu Ende wäre. Aus diesem Grund begegneten sich Schily und Ströbele nach wie vor auf Augenhöhe, auch wenn es auf den ersten Blick scheint, als wäre das Kräftegleichgewicht zu Gunsten des Ministers Schily gegenüber dem Außenseiter bei der eigenen Partei, Ströbele, verschoben gewesen. Deshalb durfte auch Ströbeles Einfluss auf die Politik der Rot-Grünen Bundesregierung nicht unterschätzt werden. Grundsätzlich überwogen aber trotz dieser Kompromissfähigkeit eindeutig die Unterschiede zwischen Schily und Ströbele. Ersterer hatte seine Vergangenheit als RAF-Verteidiger und Grünen-Mitglied hinter sich gelassen und war nun *„zur bürgerlichen Mitte seiner jungen Jahre zurückgekehrt."*[451] Letzterer wünschte sich nach wie vor eine sozialistische Gesellschaft.[452] Durch diese Charakterisierung sind die Unterschiede, durch die beide in den 2000er Jahren getrennt wurden, deutlich zu erkennen.

---

[451] Michels: Otto Schily. S. 55.
[452] Vgl.: Block/ Schulz: Die Anwälte Ströbele, Mahler, Schily. S. 306.

6 Zusammenfassung

Otto Schily und Christian Ströbele prägten die politische Landschaft der Bundesrepublik Deutschland über mehr als 40 Jahre. Sie standen dabei fast durchweg im Mittelpunkt des öffentlichen Interesses. Sei es als Mitglieder der außerparlamentarischen Opposition im Berlin der späten 1960er Jahre, als RAF-Verteidiger während der 1970er Jahre, als Bundestagsabgeordnete der Grünen in den 1980er Jahre und als Spitzenpolitiker der SPD, beziehungsweise der Grünen bis zum Ende der 2000er Jahre. Dass sie über einen so langen Zeitraum nicht immer einer Meinung waren, ist verständlich und wurde in diesem Buch eingehend analysiert. Gemeinsam ist ihnen jedoch ihr familiärer Hintergrund. Beide stammten aus einem gebildeten Elternhaus, das ihnen eine gute Erziehung ermöglichte. Auch ihre Politisierung verlief ähnlich, da für beide der Auslöser politisch aktiv zu werden, der Tod des Studenten Benno Ohnesorgs am 2. Juni 1967 war. Sowohl Schily als auch Ströbele traten als Verteidiger von Demonstranten in Erscheinung, die ihm Zuge der Demonstrationen der späten 1960er Jahre in Berlin verhaftet wurden. Daraus ergab sich über den Kaufhausbrandstifterprozess und die Verteidigung Horst Mahlers in mehreren Prozessen ein fließender Übergang zu ihrer Tätigkeit als RAF-Verteidiger während der kompletten 1970er Jahre. Gemeinsam war ihnen der Druck, der auf ihnen in ihrer Funktion als RAF-Verteidiger lastete. Ihnen drohte andauernd die Gefahr eines Ehrengerichtsverfahrens und damit ein Berufsverbot. Ihre Arbeit wurde zusätzlich erschwert durch Gesetzesänderungen des Bundestags und durch Diffamierungen durch die Presse, die sie teilweise als Sympathisanten der RAF darstellten. Dabei fällt jedoch auf, dass Schily und Ströbele in der Öffentlichkeit als Mitglieder der so genannten linken Anwaltschaft angesehen wurden und zwischen ihnen kaum differenziert wurde. Aus diesem Grund traten auch die schon vorhandenen Unterschiede zwischen beiden weniger in Erscheinung. Bei genauerer Betrachtung erscheint dies verwunderlich, da doch gewisse Unterschiede vorhanden waren, die schon früh zu erkennen sind. Zu nennen ist hierbei das unterschiedliche Verhalten beider ihren Mandanten gegenüber. Schily wahrte hier die Distanz und sah sich als Vertreter der RAF vor Gericht, ohne sich mit ihren Zielen zu identifizieren. Für Schily selbst ist diese Distanz ein wesentlicher Charakterzug, der sich bewährt hat und weshalb er sich zum Beispiel auch mit dem Duzen immer schwer tat. Ströbele hingegen stand seinen Mandanten näher und solidarisierte sich mit ihnen. Dies war vom Beginn seiner Karriere als

Rechtsanwalt an sichtbar, da er in das Sozialistische Anwaltskollektiv um Mahler eintrat und Schily diesem Modell ablehnend gegenüberstand. Das war aber zum Beispiel auch während des Robenstreits zu sehen, bei dem Ströbele im Mahler-Prozess dessen Anwaltsrobe trug. Beachtet man dies, ist es auch nicht weiter verwunderlich, warum sich Ströbele am Info-System der RAF-Gefangenen führend beteiligte und dafür sogar eine Verurteilung zu einer Bewährungsstrafe in Kauf nahm, während Schily sich stets aus diesen Aktivitäten heraushielt. Diese Vorgänge zeigen, dass es schon zu Beginn ihrer jeweiligen Karriere deutliche Unterschiede zwischen Schily und Ströbele gab. Diese traten aber nicht in das volle Bewusstsein der Öffentlichkeit, da der Konflikt zwischen der linken Szene der Bundesrepublik und der Mehrheit der Bevölkerung diese Unterschiede überlagerte.

In den 1980er Jahren waren beide zwar Mitglied der Grünen, aber ihre Karrieren entwickelten sich trotzdem in völlig verschiedene Richtungen. Schily war von vorne herein ein Verfechter einer Rot-Grünen Koalition, wobei er hierbei seiner Zeit voraus war, da die Grünen, zumindest auf Bundesebene, noch nicht soweit waren. Dadurch und durch sein distanziertes Verhalten schaffte sich Schily viele innerparteiliche Gegner. Aus diesem Grund stand er am Ende der 1980er Jahre, trotz vieler politischer Erfolge, zuvorderst ist hier der Flick-Untersuchungsausschuss zu nennen, vor dem Ende seiner politischen Karriere auf Bundesebene. Bei den Grünen hatte er nämlich keine Chance auf ein wichtiges Amt und auch sein Wiedereinzug in den Bundestag war gefährdet. Ströbele hingegen war in den 1980er Jahren hauptsächlich auf Landesebene in Berlin tätig, wo er auch für ein Bündnis der Alternativen Liste mit der SPD kämpfte. Die Gegensätze zwischen Schily und Ströbele traten hier am deutlichsten zu Tage. Schily riet während der Koalitionsverhandlungen 1989, obwohl er noch für die Grünen im Bundestag saß, der SPD, gegenüber Ströbele hart zu bleiben und wenige Zugeständnisse zu machen. Für Ströbele war dies natürlich ein Affront und die Spannungen zwischen beiden waren nicht mehr zu übersehen. Diese Entwicklung steigerte sich noch in den 1990er und 2000er Jahren. Schily setzte sich vor allem nach dem 11. September 2001 verstärkt für Gesetzesverschärfungen in Sicherheitsfragen ein und Ströbele versuchte diese abzumildern. Damit standen sich mit dem Bundesinnenminister Schily, der durch sein Amt für die Sicherheitsfragen zuständig war und dem einzigen gewählten Direktkandidaten der Grünen, Ströbele, der deshalb nicht der Parteiräson unterworfen war, sondern sich zuallererst seinen Wählern verpflichtet fühlte, zwei Gegenpole in der Rot-Grünen Bundesregierung

gegenüber. Aus den ursprünglichen Kollegen, die für dasselbe Ziel kämpften und zumindest einen partnerschaftlichen Umgang pflegten, wurden so Konkurrenten, die auf kaum einem Gebiet noch dieselben politischen Ansichten besaßen.
Aber nicht nur ihr Verhältnis zueinander war einem Wandel unterworfen. Auch ihre Grundprinzipien und Ansichten veränderten sich teilweise. Bei Schily trat dieser Wandel deutlicher zu Tage als bei Ströbele. Schily fiel im Stammheim-Prozess als entschiedener Verfechter des Rechtsstaats auf, dessen Grundlagen unbedingt gewahrt werden müssten und die er durch diesen Prozess in Gefahr sah. Empört war er vor allem über die Abhöraffäre in Stammheim. Als SPD-Politiker stimmte er jedoch in den 1990er Jahren dem so genannten Großen Lauschangriff zu und genehmigte als Bundesinnenminister die umstrittenen Onlinedurchsuchungen von privaten Computern. Durch dieses Verhalten entsteht der Eindruck, dass sich Schily um 180 Grad gewandelt habe. Dies ist jedoch nur die halbe Wahrheit. Für Schily spielte die Sicherheit schon immer eine wichtige Rolle, da ohne diese für ihn auch kein Rechtsstaat möglich ist. Dieser Wesenszug trat nur vor seiner Zeit als Bundesinnenminister in der Öffentlichkeit nicht in Erscheinung. Jedoch ist zu erkennen, dass Schilys Persönlichkeit einer Entwicklung unterworfen war und sich seine heutigen Ansichten in vielerlei Hinsicht von jenen der 1970er Jahre unterscheiden. Er selbst hat dies auch erkannt. Dies ist ein zweiter Grund, neben seinem Verweis auf die anwaltliche Schweigepflicht, warum er heute nur ungern auf seine Zeit als RAF-Verteidiger angesprochen wird. Beispielhaft steht hierfür auch seine Lebensmaxime: *„Don`t look back.“*[453] Damit macht er deutlich, dass er sich weiterentwickelt hat. Von vielen seiner früheren Überzeugungen hat er sich getrennt, da er sie nun für überholt ansieht oder da er erkannt hat, dass sie seiner weiteren Karriere schaden. Nach jedem Höhepunkt seiner Karriere erkannte Schily, dass er ein neues Betätigungsfeld braucht, um seine weitere Karriere voranzutreiben. Aus diesem Grund wechselte er nach dem Stammheim-Prozess in die Politik und dies war auch einer der Gründe für seinen Parteiwechsel zur SPD nach seinen Erfolgen im Flick-Untersuchungsausschuss. Schon in den 1980er Jahren war es Schilys großes Ziel, einmal einen Ministerposten zu erreichen. Dafür war er auch bereit, über einige seiner Prinzipien zu verhandeln. Die einzige Konstante in seinem politischen Leben, die unverhandelbar war, ist der Glaube an den Rechtsstaat. Ströbele hingegen vertrat nach wie vor dieselben Standpunkte wie zu Beginn seiner politischen Karriere. Dies hatte für ihn zwei

[453] Vgl.: Reinecke: Otto Schily. S. 279.

wichtige Folgen. Zum einen ist seine Ansicht bei den Grünen nicht mehrheitsfähig und ein Aufstieg innerhalb der Partei war für ihn nicht möglich. Darum war seine innerparteiliche Karriere nach seinem Rücktritt als Parteisprecher 1991 auch zu Ende. Ihm gelang es jedoch, daraus eine neue Stärke zu machen und sich als das grüne Gewissen der an Koalitionszwänge gebundenen Regierungspartei zu profilieren. Zum anderen erwarb er sich die Anerkennung seiner potentiellen Wähler durch seine Prinzipientreue, was an seinen Wahlergebnissen auch deutlich zu sehen ist.

Das Bemerkenswerteste an den Karrieren von Schily und Ströbele ist sicherlich die Fähigkeit, alle Höhen und Tiefen zu überstehen und trotzdem ihre politische Karriere fortsetzen zu können. Ihre Zeit als RAF-Verteidiger machte sie zu Außenseitern in der Gesellschaft. Dies ging soweit, dass sie sogar Morddrohungen erhielten. Trotzdem gingen sie gestärkt aus dieser Zeit heraus. Mit der Gründung der Grünen gelang es ihnen, in der Politik Fuß zu fassen und hier kamen ihnen ihre rhetorischen Fähigkeiten als Rechtsanwälte zugute. Beiden gelang es, ihre Rolle in ihrer jeweiligen Partei zu finden, auch wenn dieser Weg mit langjährigen Durststrecken verbunden war. Schily gelang es nach mehreren Jahren des Hintergrunddaseins innerhalb der SPD-Bundestagsfraktion Bundesinnenminister zu werden und Ströbele ist in den 2000er Jahren ein geachteter und gefragter Bundestagsabgeordneter, nachdem zu Beginn der 1990er Jahre seine Karriere ebenfalls zu Ende schien. Dies spricht für den politischen Instinkt beider und auch für ihre Fähigkeiten als Politiker. Deshalb gehören Otto Schily und Christian Ströbele zu den wichtigen und prägenden Politikern der Nachkriegszeit in der Bundesrepublik Deutschland.

7 Quellen und Literatur

7.1 Gedruckte Quellen

Aust, Stefan: *Der Baader-Meinhof-Komplex.* Hamburg 2005.

Block, Martin/ Birgit Schulz: *Die Anwälte Ströbele, Mahler, Schily. Eine deutsche Geschichte.* Köln 2010.

Brunn, Hellmut/ Thomas Kirn: *Rechtsanwälte, Linksanwälte.* Frankfurt am Main 2004.

Die Grünen im Bundestag. Sitzungsprotokolle und Anlagen 1983-87. Bearbeitet von Josef Boyer, Helge Heidemeyer unter Mitwirkung von Tim B. Peters. In: Karl-Dietrich Bracher/ Klaus Hildebrand/ Rudolf Morsey/ Hans-Peter Schwarz (Hg.): *Quellen zur Geschichte des Parlamentarismus und der politischen Parteien. Vierte Reihe. Deutschland seit 1945. Band 14/I. Erster Halbband Januar 1983-März 1984.* Düsseldorf 2008.

Die Grünen im Bundestag. Sitzungsprotokolle und Anlagen 1983-87. Bearbeitet von Josef Boyer, Helge Heidemeyer unter Mitwirkung von Tim B. Peters. In: Karl-Dietrich Bracher/ Klaus Hildebrand/ Rudolf Morsey/ Hans-Peter Schwarz (Hg.): *Quellen zur Geschichte des Parlamentarismus und der politischen Parteien. Vierte Reihe. Deutschland seit 1945. Band 14/I. Zweiter Halbband März 1984-Januar 1987.* Düsseldorf 2008.

Eschen, Klaus: *20 Jahre „linke" Anwaltschaft von der APO bis heute.* In: K. Eschen/ J. Huth/ M. Fabricius-Brand (Hg.): *„Linke" Anwaltschaft von der APO bis heute. Chancen und Versäumnisse.* Köln 1988. S. 201-209.

Ders.: *Das Sozialistische Anwaltskollektiv.* In: Wolfgang Kraushaar (Hg.): *Die RAF und der linke Terrorismus. Band 2.* Hamburg 2006. S. 957-972.

Gätje, Olaf: *Das »info«-System der RAF von 1973 bis 1977 in sprachwissenschaftlicher Perspektive.* In: Wolfgang Kraushaar (Hg.): *Die RAF und der linke Terrorismus. Band 1.* Hamburg 2006. S. 714-733.

Hirsch, Joachim: *Zwischen Fundamentalopposition und Realpolitik. Perspektiven eines alternativen Parlamentarismus.* In: Wolfgang Kraushaar (Hg.): *Was sollen die Grünen im Parlament?* Frankfurt am Main 1983. S. 56-67.

Holtfort, Werner: *Bilanz des Stammheimer Prozesses.* In: *Vorgänge. Zeitschrift für Bürgerrechte und Gesellschaftspolitik.* 16. Jahrgang, Dezember 1977, Heft 4. Weinheim/ Basel 1977. S. 4-14.

Huber, Joseph: *Basisdemokratie und Parlamentarismus. Zum Politikverständnis der Grünen.* In: Wolfgang Kraushaar (Hg.): *Was sollen die Grünen im Parlament?* Frankfurt am Main 1983. S. 68-84.

Kleinert, Hubert: *Aufstieg und Fall der Grünen. Analyse einer alternativen Partei.* Bonn 1992.

Koenen, Gerd: *Das rote Jahrzehnt. Unsere kleine deutsche Kulturrevolution 1967-1977.* 4. Auflage. Köln 2007.

König, Karin: *Zwei Ikonen des bewaffneten Kampfes. Leben und Tod Georg von Rauchs und Thomas Weisbeckers.* In: Wolfgang Kraushaar (Hg.): *Die RAF und der linke Terrorismus. Band 1.* Hamburg 2006. S. 430-471.

Kraushaar, Wolfgang: *1968 und die RAF. Ein umstrittenes Beziehungsgeflecht.* In: *Vorgänge. Zeitschrift für Bürgerrechte und Gesellschaftspolitik.* 44. Jahrgang, September/Dezember 2005, Heft 3/4. Weinheim/ Basel 1977. S. 208-220.

Michels, Reinhold: *Otto Schily. Eine Biographie.* Stuttgart, München 2001.

Peters, Butz: *Tödlicher Irrtum. Die Geschichte der RAF.* 4. Auflage. Berlin 2008.

Reinecke, Stefan: *Die linken Anwälte. Eine Typologie*. In: Wolfgang Kraushaar (Hg.): *Die RAF und der linke Terrorismus. Band 2*. Hamburg 2006. S. 948-956.

Ders.: *Otto Schily. Vom RAF-Anwalt zum Innenminister.* Hamburg 2003.

Richter, Saskia: *Führung ohne Macht? Die Sprecher und Vorsitzenden der Grünen.* In: Daniela Forkmann/ Michael Schlieben (Hg.): *Die Parteivorsitzenden in der Bundesrepublik Deutschland 1949-2005.* Wiesbaden 2005. S. 169-214.

Rundbrief des Rechtsanwalts Groenewold, gefunden im Juli 1973 in der Zelle des Häftlings Baader. In: Bundesministerium des Innern (Hg.): *Dokumentation über Aktivitäten anarchistischer Gewalttäter in der Bundesrepublik Deutschland.* Bonn 1974. S. 55-59.

Rundbrief des Rechtsanwalts Ströbele, gefunden im Juli 1973 in den Zellen der Häftlinge, Ensslin, Meins, Möller, Meinhof und Braun. In: Bundesministerium des Innern (Hg.): *Dokumentation über Aktivitäten anarchistischer Gewalttäter in der Bundesrepublik Deutschland.* Bonn 1974. S. 29-33.

Schily, Otto: *Antrag zur Einstellung des Verfahrens in Stammheim (überarbeitete Fassung der Gerichtsmitschrift).* In: Wolfgang Dressen (Hg.): *Politische Prozesse ohne Verteidigung?* Berlin 1976. S. 57-85.

Ders.: *Bundestagsrede: Einsetzung eines Untersuchungsausschusses.* In: *Plenarprotokoll 10/8, 19. Mai 1983.* S. 424c-426d.

Ders.: *Flora, Fauna und Finanzen. Über die Wechselbeziehung von Natur und Geld.* Hamburg 1994.

Ders.: *Politik in bar. Flick und die Verfassung unserer Republik.* München 1986.

Ders.: *Vom Zustand der Republik.* Berlin 1986.

Ders.: *Vorwort.* In: Frank Beckenbach/ Jo Müller/ Reinhard Pfriem/ Eckhard Stratmann (Hg.): *Grüne Wirtschaftspolitik. Machbare Utopien.* Köln 1985. S. 9-11.

Schmidt, Manfred G.: *Das politische System Deutschlands. Institutionen, Willensbildung und Politikfelder.* München 2007.

Ströbele, Christian: *Ist die PDS tatsächlich eine linke Partei?* In: Heinz Beinert (Hg.): *Die PDS – Phönix oder Asche?* Berlin 1995. S. 130-138.

Ders.: *Verteidiger im Verfahren gegen die RAF. Zu den Vorwürfen, zur Praxis und zum Selbstverständnis.* In: Wolfgang Dressen (Hg.): *Politische Prozesse ohne Verteidigung?* Berlin 1976. S. 41-54.

Tenfelde, Christopher R.: *Die Rote Armee Fraktion und die Strafjustiz. Anti-Terror-Gesetze und ihre Umsetzung am Beispiel des Stammheim-Prozesses.* Osnabrück 2009.

Wesel, Uwe: *Strafverfahren, Menschenwürde und Rechtsstaatsprinzip. Versuch einer Bilanz der RAF-Prozesse.* In: Wolfgang Kraushaar (Hg.): *Die RAF und der linke Terrorismus. Band 2.* Hamburg 2006. S. 1048-1057.

7.2 Rechtsquellen

Bundesgerichtshof: Beschluss des Dritten Strafsenats vom 25. August 1972. 1 BJs 6/71: Ausschluss eines Strafverteidigers bei dringendem Teilnahmeverdacht.

Bundesgerichtshof: Beschluss vom 20. Januar 1975. AnwZ (B) 6/74: Versagung der Zulassung zur Rechtsanwaltschaft bei Beratungsvertrag mit Rechtsberatungsunternehmen.

Bundesverfassungsgericht: Beschluss vom 14. Februar 1973. 2 BvR 667/72: Eingriff in die Freiheit der anwaltlichen Berufsausübung durch Entzug der Verteidigungsbefugnis.

7.3 Publizistische Quellen in gedruckter Form

Augstein, Franziska: *Tücken des Wechsels. Der Platz auf der anderen Seite des Tisches: Otto Schily will das Innenministerium.* In: Frankfurter Allgemeine Zeitung vom 31. August 1998.

Bannas, Günter: *Willig folgen die Grünen Ströbele.* In: Frankfurter Allgemeine Zeitung vom 24. September 1990.

Kurbjuweit, Dirk: *Ganz links, ganz rechts, ganz oben.* In: DER SPIEGEL vom 09. Februar 2002.

Leinemann, Jürgen: *Eigentlich weiß er nicht, wo er hingehört.* In: DER SPIEGEL vom 20. Mai 1985.

Ohne Verfasser: *Baader/Meinhof. Das schockiert.* In: DER SPIEGEL vom 28. August 1972.

Ohne Verfasser: *Hab` ich das so gesagt? Wie der linksliberale Jurist Otto Schily zum Verfechter des Lauschangriffs wurde.* In: DER SPIEGEL vom 2. Februar 1998.

Ohne Verfasser: *Kassiber. Wie schlampig.* In: DER SPIEGEL vom 31. Juli 1972.

Prantl, Heribert: *Vom Verteidiger der Terroristen zum Verteidiger gegen den Terror. Otto Schily, oder: Der Staat bin ich. Der Bundesminister des Innern – ein Mann, der die Macht liebt, der gerne auf dem Sockel steht und der auf seine Weise schon immer konservativ war.* In: Süddeutsche Zeitung vom 19. Oktober 2001.

Schily, Otto: *Verwesung bei lebendigem Leibe.* In: DER SPIEGEL vom 18. November 1974.

Schneider, Christian: *Kein Platz für den SPD-Parteinachwuchs. Wie Jugendträume platzen. Gestandene Mandatsträger wanken und weichen nicht.* In: Süddeutsche Zeitung vom 3. Juli 1997.

SPIEGEL-Interview mit Otto Schily. In: DER SPIEGEL vom 26. Juni 1972.

7.4 Publizistische Quellen aus dem Internet

http://www.faz.net/s/RubCF3AEB154CE64960822FA5429A182360/Doc~EB18EE583011549CCAC126D1D05867287~ATpl~Ecommon~Scontent.html (letzter Zugriff: 15.02.2011)

http://www.faz.net/s/RubFC06D389EE76479E9E76425072B196C3/Doc~E967CDB96877F47149B51F1494F8CEE3E~ATpl~Ecommon~Scontent.html (letzter Zugriff: 01.12.2010)

http://www.focus.de/politik/deutschland/80er-jahre-gericht-sah-stroebele-als-raf-aufbauhelfer-an_aid_417881.html (letzter Zugriff: 01.12.2010)

http://www.freitag.de/2007/35/07350401.php (letzter Zugriff: 13.12.2010)

http://www.heise.de/newsticker/meldung/Bundesregierung-gibt-zu-Online-Durchsuchungen-laufen-schon-171385.html (letzter Zugriff: 01.12.2010)

http://www.spiegel.de/politik/deutschland/0,1518,214963,00.html (letzter Zugriff: 01.12.2010)

http://www.spiegel.de/politik/deutschland/0,1518,53361,00.html (letzter Zugriff 01.12.2010)

http://www.spiegel.de/spiegel/print/d-13489795.html (letzter Zugriff: 01.12.2010)

http://www.spiegel.de/spiegel/print/d-13493742.html (letzter Zugriff: 13.12.2010) http://www.stern.de/politik/deutschland/gruenen-jubliaeum-otto-schily-ueber-seine-gruene-vergangenheit-615300.html (letzter Zugriff: 31.01.2011)

http://www.wiwo.de/politik-weltwirtschaft/pro-und-contra-zur-vorratsdatenspeicherung-448890/3/ (letzter Zugriff: 26.01.2011)

7.5 Filme

3 nach 9: *Zweite Heimat Kneipe.* Freitag, 21. Februar 1986 im NDR. Gäste: Peter Gauweiler, Stefan Aust, Christian Ströbele u. a.

Eins gegen eins: *Fall Dennis – Brauchen wir härtere Gesetze gegen Sexualstraftäter?* Montag, 18. April 2011, 23:30 Uhr in Sat 1. Rededuell: Uwe Schünemann (CDU) – Hans-Christian Ströbele (Bündnis 90/ Die Grünen)